정치가 힐러리 클린턴

미국, 최초의 여성 대통령에 도전하다

정치가 힐러리 클린턴 미국, 최초의 여성 대통령에 도전하다

2015년 10월 12일 초판 1쇄 인쇄
2015년 10월 16일 초판 1쇄 발행

글 강영철 / 그림 투리아트
펴낸이 이철규 / 펴낸곳 북스
편집 강하나 / 편집디자인 이지훈

편집부 02-336-7634 / 영업부 02-336-7613 / FAX 02-336-7614
홈페이지 http://www.vooxs.kr / 등록번호 제 313-2004-00245호 / 등록일자 2004년 10월 18일

주소 서울특별시 광진구 동일로 4길 32 2층
값 9,800원
ISBN 978-89-6519-157-5 74800
     978-89-6519-007-3 (세트)

잘못된 서적은 구입하신 서점에서 교환하여 드립니다.
이 책은 저작권법에 의해 보호를 받는 저작물이므로 불법 복제와
스캔 등 무단 전재 및 유포·공유를 금합니다.

이 도서의 국립중앙도서관 출판시도서목록(CIP)은 서지정보유통지원시스템 홈페이지(http://seoji.nl.go.kr)와
국가자료공동목록시스템(http://www.nl.go.kr/kolisnet)에서 이용하실 수 있습니다.
(CIP제어번호 : CIP2015026892)

정치가 힐러리 클린턴

미국, 최초의 여성 대통령에 도전하다

글 강영철 그림 투리아트

vooks북스
BOOK IN YOUR LIFE

머리말_

미국, 최초의 여성 대통령에 도전하는 힐러리 클린턴

　어렸을 때 힐러리는 밝고 활기찬 평범한 아이였어요. 하지만 다른 아이들하고 다른 점이 있었어요. 그것은 간절히 원하면 다 이룰 수 있다는 믿음을 갖고 있었다는 거예요. 이렇게 소망이 이루어진다는 생각은 아주 중요한 일이에요. 여러분들도 원하는 꿈이 있다면 힐러리처럼 그것이 언젠가는 이루어진다고 믿어보세요.

　중학생이 된 힐러리의 꿈은 우주 비행사가 되는 거였어요. 하지만 여자 우주 비행사는 뽑지 않는다는 걸 나중에 알고는 크게 실망했어요. 이런 남녀 차별을 겪으면서 힐러리는 처음으로 믿는다고 소망이 다 이루어지지 않는다는 걸 알게 되었어요. 세상에는 자신의 힘으로 어쩔 수 없는 일들이 벌어진다는 걸 알게 되었죠. 하지만 힐러리는 좌절하지 않았어요. 자기 뜻대로 되지 않는 일이 있다고 해서 자신의 믿음과 소망을 포기할 순 없다는 걸 알았죠.

　힐러리는 예일대 법과 대학원에서 빌 클린턴을 만났어요. 빌과 결혼을 한 힐러리는 주지사가 된 빌에게 많은 조언을 해주게 되고 후에 빌은 미국의 대통령이 된답니다. 대통령 영부인이 된 힐러리는 내조만 하는 것이 아니라 빌의 옆에서 큰 정치력을 발휘합니다. 그리고 빌이 스캔들을 일으켜 위기에 처했을 때도 고민 끝에 그를 돕기도 했지요. 만약 이때 힐러리의 도움이 없었더라면 빌은 마지막 남은 대통령의 임기를 채우지도 못할 수 있는 위험한 상황이었습니다.

힐러리는 민주당원이지만 원래는 공화당을 지지했어요. 왜냐하면 힐러리가 사는 지역 대부분의 사람들이 공화당을 지지 했기 때문에 자연스레 그 영향을 받은 거지요. 하지만 고등학교 시절 토론회에서 민주당 대통령 후보자의 역할을 해 보면서 마음을 바꿨어요. 이때 힐러리는 입장을 바꿔서 생각을 해보는 것의 중요성을 알았어요. 이후 힐러리는 항상 큰 문제에 부딪히거나 어려움을 겪게 되면 다른 사람의 마음으로 자신을 돌아보곤 했습니다. 이 점은 여러분들이 많이 본받았으면 좋겠어요.

힐러리는 오바마와 함께 민주당 미국 대통령 후보로 올라 경선을 벌이기도 했지만 아깝게 떨어졌어요. 그러나 힐러리는 국무장관의 자리에서 대통령이 된 오바마를 돕기도 했습니다. 미국 대통령의 자리에 오른 남편과 한때는 자신의 경쟁자였던 오바마를 끝까지 도운 힐러리가 정말 대단하지요?

힐러리가 직접 쓴 자신의 자서전 제목은 〈살아있는 역사〉입니다. 한때 미국 대통령의 후보였던 힐러리의 꿈은 아직 끝나지 않았습니다. 힐러리가 앞으로 또 하나의 역사를 쓰게 될지 우리 모두 더 지켜보도록 해요.

지은이 강영철

Hillary Clinton

차례

머리말_미국, 최초의 여성 대통령에 도전하는 힐러리 클린턴 6

믿는 자에게는 능치 못하심이 없느니라 10

나에겐 꿈이 있습니다 31

사랑은 언제나 오래 참고 55

세상 밖으로 75

믿음과 소망과 사랑 중에 그 중에 제일은 사랑이네 93

아칸소에서 시작하다 116

대통령의 스캔들 133

끝나지 않은 꿈 151

힐러리 클린턴의 **생애** 172

인물 **마주보기** 174

세계를 빛낸 주요 **여성 정치인** 180

믿는 자에게는 능치 못하심이 없느니라

미국 일리노이 주 시카고의 파크리지 공원.

뿌연 연기를 내뿜는 소독차 뒤로 한 무리의 아이들이 쫓아 달렸다. 대부분이 주변에 사는 동네 아이들이었다. 그 중에는 다섯 살 난 힐러리도 끼어있었다. 공원 주변의 쥐와 여름철 모기를 잡기 위해 뿌리는 소독약 냄새는 지독했다.

"콜록 콜록."

힐러리는 기침을 한 후 한 손으로 입을 막았다. 안개처럼 뿌연 소독약 연기 속에서 힐러리는 트럭 뒤를 향해 내달렸다. 그런 힐러리의 앞을 누군가 가로 막았다.

"누가 따라오라고 했어?"

뿌연 연기 속에서 허리에 양손을 얹은 수지가 보였다. 멜빵바지를 입고 양 갈래로 땋은 머리에 심술궂은 눈매, 주근깨가 나 있는 수지

는 무척이나 말괄량이 같아 보였다. 잔뜩 겁을 주는 듯한 수지의 쏘아 보는 눈길에 힐러리는 저절로 어깨가 움츠러들었다. 짧은 금발 머리에 초록 눈동자를 한 힐러리가 눈치를 보듯 말했다.

"다들 뛰어서 나도 같이 뛰었을 뿐이야."

힐러리 앞으로 다가온 수지는 키가 손바닥 한 뼘 정도가 더 컸다. 어딜 봐도 둘이 동갑이라고는 믿기지가 않았다. 수지가 힐러리의 이마를 손가락 끝으로 밀면서 말했다.

"넌 우리 노는데서 빠져"

수지는 또래보다 커다란 덩치에 힘도 셌다. 이웃집에 사는 수지네 가족은 아일랜드에서 이민을 왔다. 수지는 망나니처럼 뛰어다니는 오빠 둘 틈에서 왈가닥으로 자랐다. 당당한 수지 앞에서 힐러리는 기어들어 가는 작은 목소리로 말했다.

"나도 같이 놀고 싶어."

수지가 단호하게 말했다.

"놀고 싶으면 너 혼자 놀아. 난 네가 마음에 안 들어."

어느새 아이들이 몰려들었다. 모두들 둘러서서 흥미진진한 얼굴로 힐러리와 수지를 바라봤다. 갑자기 수지가 씽긋 웃으며 힐러리에게 물었다.

"같이 놀 수 있는 한 가지 방법이 있긴 한데……"

힐러리가 얼굴색이 밝아지면서 물었다.

"그게 뭔데?"

"너 나 이길 수 있어?"

밝아졌던 힐러리의 얼굴은 다시 어두워졌다. 곧 풀 죽은 얼굴로 힐러리는 고개를 가로저었다.

"그럼 어서 빨리 꺼져."

수지가 손가락질을 하며 큰 소리를 지르자 힐러리는 움찔했다. 이런 일이 한두 번이 아니었다. 수지는 장난이 심한 오빠들 틈에서 거칠게 자랐다. 자주 오빠들과 싸우다 보니 욕도 자연스럽게 배웠고 맞서 싸우는 법도 잘 알았다. 반면에 곱게 자란 힐러리는 숙맥이었다. 이때 수지가 힐러리를 힘껏 밀었다.

"아얏."

힐러리는 소리를 지르며 바닥에 엉덩방아를 찧었다. 둘러보고 있던 아이들 중에 벳시가 나섰다. 붉은 머리에 리본이 달린 원피스를 입은 벳시는 힐러리네와 집안끼리 알고 지내는 사이였다.

"수지, 너무 심한 거 아니니?"

"너도 같이 따돌림 당하고 싶어?"

수지의 앙칼진 한 마디에 벳시가 입을 다물었다. 힐러리는 흙을 털면서 천천히 일어났다. 그러자 갑자기 수지가 힐러리의 엉덩이를 힘껏 발로 걷어찼다.

"이 느림보 빨리 꺼지지 못해."

수지가 힐러리의 엉덩이를 다시 한번 걷어차자 주변의 아이들이 일제히 웃었다. 수지의 오빠들과 동네 친구 짐을 비롯해 모두들 웃

었다. 벳시만이 걱정스런 얼굴로 힐러리를 바라봤다.

힐러리는 자신을 못 살게 구는 수지만큼이나 옆에서 웃고 있는 친구들도 미웠다. 갑자기 설움에 복받친 힐러리는 울음보를 터뜨렸다.

"으앙."

두 손으로 얼굴을 가린 힐러리는 울면서 집으로 뛰어갔다.

"아이고, 저린 겁쟁이."

수지는 힐러리를 비웃고는 아이들을 향해 큰 소리를 쳤다.

"자, 소독차 다시 잡으러 가자. 그리고 좀이따 인디언 놀이도 하자."

아이들은 일제히 수지가 대장이라도 되는 듯 그 뒤를 따랐다.

"좋아."

공원 큰길을 따라 뛰어가는 힐러리를 잠시 바라보던 벳시도 아이들을 따라 달렸다.

넓고 푸른 잔디밭 정원 뒤로 이층 벽돌집이 서 있었다. 정원 옆에는 큰 주차장 창고가 있었다. 힐러리는 울면서 정원 옆 단풍나무를 지나 현관을 향해 뛰어들어갔다. 이제 갓 네 살이 된 동생 휴이는 힐러리가 울면서 들어오자 영문도 모른 채 울음을 터뜨렸다.

"아기야, 울지 마라."

엄마 도로시는 힐러리에게 왜 울고 들어왔는지 이유를 물을 새도 없이 먼저 휴이를 진정시켰다. 도로시는 유아용 침대에 울음을 그친 휴이를 내려놓고 나서야 힐러리를 보았다.

"힐러리 왜 우니?"

검은 드레스를 입은 도로시는 짙고 가는 눈썹에 힐러리와 같은 초록색이 빛나는 눈동자였다. 머리카락은 힐러리와 달리 검은 머리였고 콧날은 오뚝했다.

"밖에서 무슨 일이라도 있었니?"

힐러리는 눈가를 손등으로 문지르며 공원에서 있었던 일을 털어놓았다.

"엄마, 수지가 때렸어요. 저를 밀치고 발로 엉덩이를 찼어요."

도로시는 힐러리를 빤히 쳐다봤다. 엄마가 아무 말도 안 하자 힐러리가 하소연하듯 또 말했다.

"예전부터 수지는 나만 못 살게 굴었어요."

"수지가 널 때리는 동안 넌 맞고만 있었니?"

갑작스런 질문에 힐러리는 잠시 할 말을 잃었다. 도로시가 한심하다는 눈빛으로 힐러리를 바라봤다. 당황한 힐러리는 변명하듯 작게 말했다.

"수지는 나보다 키도 크고 힘도 세요. 남자애들도 건드리지 못하는 애에요.

"수지한테 그러지 말라고 소리라도 쳐봤니?"

"그래봤자 꿈쩍도 안 할 거예요."

"그럼, 너도 맞고만 있지 말고 한 대 때리지 그랬어."

"말도 안 돼요. 수지가 얼마나 센데요."

"나가서 수지에게 미안했다는 사과를 받아와라."

힐러리는 서러움이 밀려왔다. 수지한테 맞은 자신을 위로해주리라 생각했는데 엄마는 전혀 그렇지 않았다. 힐러리는 복받쳐오는 설움에 눈물을 흘리며 말했다.

"사과는커녕 오히려 더 절 때릴지도 몰라요."

"수지가 널 때리기든 너도 때리면 된다. 엄마가 허락할게."

도로시는 힐러리의 등을 돌려 세우며 떠밀었다.

"우리 집에 겁쟁이는 필요 없다. 어서 빨리 수지를 만나고 와라."

쫓겨나듯 집 밖으로 나온 힐러리는 수지의 집으로 가는 도로 끝을 바라봤다. 하지만 한 발자국도 발걸음을 내딛지 못 했다. 결국 힐러리는 정원 한 켠 나무에 매달린 그네에 앉아 소리 없이 눈물을 흘렸다.

해가 기울고 붉은 노을이 질 때까지 힐러리는 정원 그네에 앉아 있었다. 이때 캐딜락 한 대가 주차장으로 들어왔다. 일을 마친 힐러리의 아빠 휴 로댐이 퇴근을 한 것이다. 보수적인 감리교 신자였던 아빠는 시카고 시내에서 커다란 사업을 했다. 덕분에 힐러리는 부유한 가정에서 편하게 자랐다.

차를 주차시킨 아빠가 가까이 다가오자 힐러리는 재빨리 눈물을 닦았다. 과거 미식축구 선수였고 해군 출신인 휴 로댐은 키가 크고 어깨가 떡 벌어진 우람한 체격이었다. 얼굴은 각진 사각형에 힐러리와 같은 초록색 눈동자였다. 휴는 힐러리를 향해 우렁찬 목소리로 외쳤다.

16

"고개 들고! 가슴 내밀고! 배 집어넣고!"

어느새 눈물을 그친 힐러리는 자리에서 벌떡 일어나서 차렷 자세를 취했다.

"차렷!"

"경례!"

힐러리는 아빠가 외치는 구호를 따라하며 인사를 했다.

"경례! 아버지 잘 다녀오셨습니까?"

"오냐."

휴는 얼룩진 힐러리의 눈가와 뺨을 살펴보면서 걱정스런 얼굴로 물었다.

"오늘 무슨 일이 있었냐?"

힐러리는 휴를 향해 무언가 말할 듯 입을 오물거리다 다시 입을 닫았다.

"들어가서 이야기하자꾸나."

휴는 억센 손길로 힐러리를 가볍게 안고는 집으로 들어갔다.

저녁 식사를 준비하던 도로시는 휴에게 힐러리가 울고 들어온 이야기를 전했다. 묵묵히 이야기를 다 들은 휴는 힐러리를 향해 한 마디 했다.

"엄마 말대로 하면 돼."

휴는 아무 일도 없었다는 듯 맥주를 마시면서 텔레비전 풋볼 경기를 봤다. 힐러리는 2층 방으로 올라갔다. 올라가는 힐러리에게 아빠

가 한 마디 더 했다.

"다음에 수지를 만나면 한 방에 박살내라. 하하하!"

힐러리는 아무런 대꾸도 하지 않고 2층 방으로 올라갔다.

한밤중, 문단속에 나선 휴는 정원에 나갔다가 2층 발코니를 무심코 올려봤다. 2층 힐러리의 방 불이 아직도 켜져 있었다. 휴는 고개를 갸웃거리며 집 안으로 향했다.

휴는 힐러리의 방으로 들어갔다.

"아직까지 잠을 자지 않고 뭐 하는 거냐?"

침대에 누운 힐러리는 잠을 못 이루고 있었다. 휴가 다가오자 이불을 뒤집어썼다. 휴가 고개를 갸웃거리며 물었다.

"뭐가 문제니?"

휴는 외동딸인 힐러리가 항상 사내아이들처럼 활기차게 자라길 바랐다. 그래서 인형놀이 대신 공놀이를 가르쳤고 밖에서 뛰어놀도록 함께 데리고 다녔다. 근데 활기찼던 힐러리가 이불을 뒤집어쓰고 겁에 질린 목소리로 말했다.

"수지가 무서워요."

휴는 힐러리가 덮고 있던 이불을 휙 빼앗아 던지며 말했다.

"성경책을 가져오너라!"

"네?"

영문을 몰라하는 힐러리에게 휴가 다시 말했다.

"아빠가 네게 힘이 되어 줄 성경 구절을 읽어주마."

침대에서 폴짝 뛰어내린 힐러리는 책꽂이에 꽂혀있던 성경책을 갖고 왔다. 휴는 힐러리가 건넨 성경책을 내려다보면서 말했다.

"아빠가 가장 좋아하는 권투 선수가 누구지?"

"진 터니 챔피언이요."

대학시절부터 휴의 우상은 권투 선수 진 터니였다. 휴는 힐러리에게 진 터니가 챔피언에 도전하던 때의 이야기를 들려줬다.

"그 당시 챔피언은 잭 템퍼슨이었는데 진 터니의 목을 부러뜨리겠다고 큰 소리를 쳤단다."

챔피언의 무시무시한 큰 소리를 신문보도를 통해 들은 터니는 그만 겁을 먹고 말았다. 진 터니는 매일 밤, 자신의 목이 부러지는 꿈을 꾸었다. 힐러리는 터니의 무서운 꿈이 남의 일 같지가 않았다.

"그래서 어떻게 됐어요?"

"계속 밤마다 악몽을 꾸자 진짜 자신의 목이 떨어질까 봐 걱정했지."

"진이 불쌍해요."

휴는 손에 들은 성경책을 펼쳐 보였다.

"그러던 중 우연히 이걸 보게 된 거다."

휴의 손가락이 마가복음 9장 23~29절을 가리켰다.

"'누군가 할 수 있거든 우리를 불쌍히 여겨 도와주소서'라고 하자 예수님이 이렇게 대답했다."

"뭐라고요?"

"할 수 있거든이 무슨 말이냐? 믿는 자에게는 능치 못하심이 없느

니라."

"믿으면 뭐든 할 수 있다는 말인가요?"

"그래, 맞다."

터니는 매일 성경의 이 구절을 외우고 기도를 하면서 잠이 들었다. 그러자 신기하게도 자신의 목이 부러지던 꿈을 꾸지 않게 되었다. 오히려 꿈의 내용이 바뀌었다. 자신이 챔피언을 케이오(KO)승으로 쓰러뜨리고 박수를 받는 꿈을 꾸게 된 것이다.

"실제로 시합에서 터니는 잭을 이기고 새로운 헤비급 챔피언이 되었지."

"신기하네요."

"너도 터니처럼 이 성경 구절을 외워서 네가 이기는 꿈을 꿔라."

"그럼 저도 이길 수 있을까요?"

"물론이지. 터니는 반드시 챔피언이 될 것이라는 꿈을 꾸었기 때문에 승리를 할 수 있었다."

아버지의 말에 힘을 얻은 힐러리는 성경 구절을 주문처럼 외웠다.

"믿는 자에게는 능치 못하심이 없느니라."

겁에 질려 잠을 못 이루던 힐러리는 억지로라도 승리의 꿈을 떠올렸다. 두 손을 깍지 낀 채 기도를 올리던 힐러리는 어느새 침대에 쓰러져 잠이 들었다. 휴는 힐러리의 이마를 손으로 쓸어주었다. 이불을 덮어준 휴는 조용히 방에서 나왔다.

다음날 아침, 힐러리는 간밤에 수지를 쓰러뜨리는 꿈을 꾸지는 못했다. 하지만 이전보다 수지에 대한 무서움은 약해졌다. 상쾌한 기분으로 창문을 연 힐러리는 기지개를 펴며 아래를 내려다보았다. 잔디밭 한쪽 커다란 단풍나무 아래 샌드백을 매다는 아버지가 보였다. 휴는 샌드백을 다 매달고는 권투 선수처럼 주먹으로 때렸다. 휴가 고개를 들어 힐러리를 보고는 말했다.

"어서 내려와라. 아빠가 권투를 가르쳐 주마."

휴는 이전부터 힐러리에게 야구, 낚시, 카드놀이 등을 가르쳐 줬다. 딸이 얌전한 여자 아이로 자라길 바라지 않아 남자 아이처럼 대했다. 힐러리가 남자 아이들과 똑같이 경쟁하길 원했다.

"자, 이렇게 때리는 거다."

휴는 힐러리에게 권투 자세와 함께 샌드백을 때리는 법을 가르쳐 줬다.

"지지 않고 이기겠다는 생각으로 샌드백을 때려야 한다."

"네."

이날 이후 힐러리는 매일 아침 아빠와 함께 샌드백을 두들겼다. 그리고 밤이 되면 '믿는 자에게는 능치 못할 것이 없다'는 성경구절을 외우면서 잠이 들었다. 그러다보니 잠을 자면서 샌드백을 두들기는 꿈을 꾸기도 했다. 그리고 꿈속에서 수지에게 큰 소리를 치는 꿈까지 꾸게 되었다. 그렇게 하루하루가 흘렀다.

힐러리가 집 앞 마당에서 샌드백을 두들기고 있던 어느 날 점심 무렵이었다. 수지가 아이들과 함께 달리기를 하다가 힐러리네 집 앞을 지나고 있었다. 힐러리를 보고 걸음을 멈춘 수지는 다짜고짜 시비를 걸었다.

"꼬맹아, 너 지금 나랑 한판 붙자는 거냐?"

수지가 힐러리에게 다가가자 먼저 지나쳤던 동네아이들이 다시 우르르 몰려왔다. 그 중에는 벳시와 톰, 수지의 오빠도 끼어 있었다. 수지는 힐러리에게 따지듯 말했다.

"너 지금 이 샌드백 때리면서 나라고 생각했지?"

힐러리는 '응'이라고 대답 하려다 고개를 저었다. 다시 한 번 용기를 낸 힐러리가 큰 소리로 말했다.

"그러든 말든 네가 무슨 상관이야?"

"어쭈, 세게 나오시네. 한 대 맞아 볼래?"

"때리지 마."

몰려든 아이들이 힐러리와 수지를 번갈아 바라봤다.

"뭐라고? 너 방금 뭐라고 했어?"

"때리지 말라고 했어."

전과 다른 힐러리의 모습에 수지는 잠시 당황했다. 움찔하면서 수지가 말했다.

"알았어. 다시는 때리지 않고 같이 놀아줄게"

수지의 말에 힐러리는 깜짝 놀라며 반색을 했다. 하지만 그건 한

순간이었다.

"라고 내가 말할 줄 알았지? 하하하!"

수지가 웃자 아이들이 모두 따라 웃었다. 웃음소리가 응원소리라도 되는 듯 수지가 의기양양해서 말했다.

"여기가 너희 집 앞마당이라고 까부는데 내가 쫄 것 같아?"

수지는 손가락을 튕겨서 힐러리의 이마에 땅콩을 먹이려고 했다. 하지만 힐러리는 이마를 뒤로 젖히며 살짝 피했다. 수지의 손가락이 허공을 때리자 아이들이 까르르 웃었다. 수지는 기분이 상한 듯 얼굴이 굳었다.

"어쭈, 피했어? 이것도 한 번 피해 볼래."

수지가 힐러리의 뺨을 때리려고 손을 내뻗었다. 힐러리는 날아오는 수지의 손을 머리를 숙여 피했다. 그러자 화가 머리끝까지 난 수지가 이번에는 주먹을 휘둘렀다.

"넌 오늘 끝이야."

솔직히 힐러리는 얼굴이 새빨개져서 덤벼드는 수지가 무서웠다. 수지가 마구잡이로 휘두르는 주먹이 수박만 해 보였다. 힐러리는 두 눈을 질끈 감고 속으로 성경 구절을 외웠다.

'믿는 자에게는 능치 못하심이 없느니라.'

힐러리는 몸을 숙이고 아빠가 가르쳐 준대로 주먹을 쭉 뻗었다. 힐러리의 주먹이 수지의 아랫배를 때렸다. 순간, 수지는 배를 움켜쥐고 무릎을 꿇으며 자리에 주저앉았다. 몹시 아픈 얼굴이었다. 모두

들 믿기지 않는다는 얼굴로 힐러리와 수지를 바라봤다.

"와, 어떻게 이럴 수가 있지?"

"꼬맹이 힐러리가 깡패 수지를 이겼어."

이때 톰이 갑자기 숫자를 세기 시작했다.

"1, 2, 3, 4, 5……"

톰이 숫자를 세면서 한 손을 들어 수지를 가리켰다. 수지는 여전히 바닥에 주저앉은 채였다. 톰은 계속해서 숫자를 셌고, 벳시는 신이 난 얼굴로 따라 셌다.

"8, 9, 10. 땡땡땡! 힐러리 케이오(KO)승~!"

수지는 자리에서 일어서려고 한 손으로 바닥을 짚은 채 안간힘을 썼지만 소용없었다. 수지의 오빠마저 힐러리 편을 들었다.

"힐러리가 수지를 이겼어."

벳시가 힐러리에게 다가와서 기쁜 얼굴로 말했다.

"정말 대단해."

다른 아이들도 한 마디씩 하며 힐러리 주변으로 몰려들었다.

"힐러리 다시 봐야겠다."

"이 샌드백으로 연습해서 주먹이 세진거야?"

톰을 비롯한 남자 아이들은 샌드백 주변에 모여서 주먹질을 하며 장난을 쳤다.

"이거, 우리가 쳐 봐도 돼?"

"응, 마음껏 쳐."

"좋아."

퍽퍽퍽 소리와 함께 샌드백이 흔들렸다. 남자 아이들 앞으로 힐러리가 나섰다.

"우리 아빠가 가르쳐 줬는데 이렇게 제대로 때려야 한대."

힐러리가 샌드백이 출렁일 정도로 주먹질을 하자 다들 환호성을 질렀다.

"와아, 정말 대단하다. 힐러리 너 우리랑 같이 놀자."

남자 아이들은 힐러리에게 엄지손가락을 내밀었다. 힐러리가 더 이상 놀림을 받는 꼬맹이가 아니라 친구로서 받아들여진 것이다. 어느새 일어선 수지는 눈물이 핑 돌았다. 힐러리한테 맞은 것보다 앞으로 아이들한테 외면을 당하면 어쩔까 하는 걱정이 앞섰다. 수지는 자기가 왕따가 될 수도 있다는 생각에 오히려 겁을 먹고 어깨가 푹 쳐졌다. 이때 수지 앞으로 힐러리가 손을 내밀었다.

"앞으로 싸우지 말고 친하게 지내자!"

수지는 힐러리가 내민 손길이 고맙게 느껴졌다. 말없이 고개를 끄덕이며 힐러리의 한 손을 맞잡았다. 손바닥으로 따뜻한 온기가 전해졌다. 아이들은 그런 수지와 힐러리를 보면서 웃었다.

아이들과 함께 공원에서 놀던 힐러리는 밤이 늦어서야 집에 돌아왔다.

"엄마, 제가 이겼어요."

저녁 시간에 늦은 힐러리를 혼내려고 했던 엄마는 깜짝 놀랐다.

"수지랑 싸우고 화해했어요."

엄마는 힐러리의 이야기를 다 듣고는 고개를 끄덕였다.

"다행이구나."

"이제 남자 애들하고도 놀 수 있어요."

"정말 잘 됐구나. 여자라고 기죽지 말고 잘 어울리거라."

도로시는 남편 휴와 마찬가지로 어린 힐러리를 사내아이처럼 자유롭게 키웠다.

저녁에 회사에서 돌아온 휴도 딸의 이야기를 듣고 좋아했다.

"거 봐. 뭐든 잘 될 것이라고 믿으면 그대로 될 거다. 긍정적으로 생각하는 게 중요해."

수지와 싸운 날, 힐러리는 자신을 못 살게 구는 사람이 있으면 겁을 먹고 굴복해서는 안 된다는 걸 배웠다. 자신을 지키기 위해서는 자신이 하고 싶은 말도 하고 때로는 싸움도 필요하다는 것도 알았다.

그 날 이후, 힐러리는 친구들과 함께 파크리지 공원을 누비고 다녔다. 동네 남자 아이들과 어울려 야구와 농구를 했다. 겨울이면 스케이트를 탔다. 또 한때 싸웠던 수지도 같이 놀면서 예전보다 더 친해졌다. 파크리지 아이들은 둘의 이런 관계가 재미있고 신기했다.

힐러리가 동네에서 남자 아이들과 어울려 다닌것은 초등학교에 입학해서도 마찬가지였다.

유진필드 초등학교에 입학한 힐러리는 유난히 책 읽기를 좋아했다. 아홉 살이 된 힐러리는 책을 너무 많이 읽어서 시력이 안 좋아져

안경을 껴야 했다.

보라색 안경테를 쓴 힐러리가 시험지를 들고 집으로 뛰어 들어왔다.

"아빠 나 또 백점 받았어요."

힐러리의 성적은 모든 과목이 백점에 가까운 에이(A)였다. 소파에 앉아 신문을 읽고 있던 휴는 힐러리에게 무덤덤하게 말했다.

"너희 학교는 점수가 후한 모양이구나."

아빠의 대수롭지 않은 반응에 힐러리는 풀이 죽었다.

'모두 에이(A)를 받은 애는 나밖에 없는데……'

힐러리는 고개를 푹 숙이고 자기 방으로 돌아갔다. 그러자 도로시가 휴를 돌아보면서 화를 냈다.

"딸이 백점을 받았으면 칭찬을 해줘야지. 왜 야박하게 굴어요?"

휴는 짐짓 헛기침을 하면서 말했다.

"전국에 힐러리처럼 백점을 받는 아이들이 얼마나 많은데……"

"그래도 잘한 건 잘했다고 해줘야죠."

휴가 고개를 저으면서 단호하게 말했다.

"칭찬을 너무 많이 하면 우쭐해서 노력을 안 하게 돼. 우리 딸은 강하게 키워야지."

도로시는 휴를 향해 못 말리겠다는 듯이 말했다.

"그래도 그런 식으로 말하면 안 돼요."

도로시는 두 살 된 아기 토니를 안고 이층 방으로 향했다. 토니는 힐러리보다 일곱 살 어린 막내 동생이었다.

힐러리는 책상에 앉아 책을 읽고 있었다.

도로시는 힐러리의 머리를 쓰다듬어 주며 말했다.

"공부를 열심히 해서 좋은 성적을 받았구나. 난 네가 자랑스럽단다."

"고마워요, 엄마."

힐러리는 엄마의 칭찬에 웃음을 되찾았다.

나에겐 꿈이 있습니다

'믿는 자에게는 능치 못하심이 없느니라.'

중학생이 된 힐러리에게는 새로운 꿈이 생겼다. 바로 우주 비행사가 되는 것이었다. 그래서 오늘 밤에도 잠자리에 들기 전, 마가복음을 외우며 기도를 올렸다.

'꿈속에서 우주선을 타고 날아가겠어.'

1960년대 미국에서는 달에 우주선을 보낼 준비를 하고 있었다. 러시아에서 이미 우주에 스푸트니크 위성을 쏘아 올린 뒤였다. 러시아에 뒤처지지 않기 위해 미국항공우주국인 나사(NASA)에서는 우주로 보낼 비행사를 공개적으로 모집했다. 이 소식을 들은 힐러리는 자기소개서와 함께 신청서를 보냈다. 나이는 어렸지만 어떤 지원자보다 열의가 더 높았다.

'반드시 꼭 우주 비행사가 되고 말테야.'

힐러리는 어린 시절 수지를 이겼던 것처럼 믿음을 갖고 기도를 드리면 꿈은 이루어진다고 굳게 믿었다. 밤마다 우주 비행사가 되어 달에 내려앉는 모습을 상상하며 잠이 들었다. 힐러리는 마치 자신이 우주 비행사가 된 듯 꿈에 부풀어 있었다. 하지만 좀처럼 나사에서는 연락이 오지 않았다.

"발표 날짜가 지났는데 왜 이렇게 소식이 없지?"

다음날, 정원 마당에서 힐러리는 잔디밭에 난 잡초를 뽑고 있었다. 이때 걸스카우트 복장을 한 친구 벳시가 자전거를 타고 지나다 멈춰섰다.

"같이 자전거 타러 갈래?"

장갑 낀 손으로 잡초를 뽑고 있던 힐러리가 일어서며 대답했다.

"안 돼. 난 아르바이트 해야 해."

"내가 도와줄게. 빨리 끝내고 남자 애들 만나러 가자."

"이거 끝나면 빨래하고 아기 돌보는 아르바이트 하러 가봐야 해."

"뭐야? 여름방학인데 일만 하는 거야?"

중학생인 힐러리는 자신의 용돈을 아르바이트를 해서 벌었다. 잔디 깎기, 아기 돌보기, 우유배달 등 무슨 일이든 일거리가 생기면 했다.

"야, 너 부자 되겠다. 매일 아르바이트만 하네."

"사실 집안일은 용돈도 받지 않고 그냥 해."

벳시는 부잣집에서 사는 힐러리가 틈나는 대로 아르바이트를 하는 게 이해가 되지 않았다. 더군다나 제때 용돈도 못 받는다니 불쌍하

기조차 했다. 혀를 차며 벳시가 말했다.

"아빠한테 일한 만큼 용돈을 정기적으로 달라고 말해 봐."

힐러리는 자신도 아르바이트를 하지 않고도 용돈을 받고 싶었다.

"그래, 나도 한 번 아빠한테 말해 봐야겠어."

다행히 그날 오후 휴는 집에 일찍 들어왔다. 힐러리는 현관에서 들어오는 아빠의 가방을 냉큼 들어주면서 애교스럽게 말했다.

"아빠, 저도 한 달에 한 번씩 용돈을 주시면 안 돼요?"

욕실로 향하던 휴는 멈춰 서서 힐러리를 돌아봤다. 용돈 이야기에 동생들까지 힐러리 뒤를 따라 왔다. 휴는 다들 들으라는 듯 큰 소리로 말했다.

"여태껏 공짜로 먹고 입혀줬는데 이제 돈까지 달라는 거냐?"

사업을 했던 휴는 경제적으로 여유가 있었다. 하지만 늘 검소했고 부지런한 걸 좋아했다. 힐러리뿐만 아니라 동생들에게도 나뭇잎 쓸기, 잔디 깎기, 눈 치우기 같은 일을 자주 시켰다. 용돈은 가끔씩 필요할 때만 줬다. 집안 허드렛일을 도와주는 것은 당연한 일로 생각했다. 휴는 욕실로 들어가면서 말했다.

"너희들을 먹여 살려주는 걸로 족하다."

힐러리는 아빠의 말뜻을 알았지만 한편으론 서운하기도 했다. 이때 욕실에서 휴가 큰 소리를 질렀다.

"누가 치약을 쓰고 뚜껑도 안 닫았냐?"

힐러리와 동생들은 서로의 얼굴을 멀뚱히 바라봤다. 아버지가 치

약 뚜껑을 들고 나와서는 엄한 얼굴로 말했다.

"치약이 새지 않도록 반드시 뚜껑을 닫으라고 했지!"

아이들은 아빠가 평상시 절약을 얼마나 강조하는지 알고 있었다. 휴는 창문을 열고는 치약 뚜껑을 밖으로 휘익 던졌다.

"벌로 서서 나가서 치약 뚜껑을 찾아오너라."

"네에~."

힐러리와 동생들은 누구라 할 것 없이 우르르 밖으로 내달렸다. 창문 밖 잔디밭에 떨어진 치약 뚜껑은 결국 힐러리가 찾아냈다. 휴가 이렇게 항상 절약을 강조하면서 아이들을 엄하게 교육 시킨 데는 이유가 있었다. 휴가 한참 자랐던 1930년대 미국은 경제적으로 어려웠던 대공황 시기였다. 거리에는 가난하고 굶주린 사람들로 가득했다. 그때를 기억했던 휴는 항상 아이들에게 어려운 시절을 대비해야 한다고 말하곤 했다. 시카고 외곽의 가난한 달동네를 차를 타고 지날 때면 아이들에게 그곳 사람들이 얼마나 힘들게 사는지 말해주었다.

힐러리가 치약 뚜껑을 찾아 욕실에 갖다 놓고 나왔을 때였다.

"우편물이 왔습니다."

드디어 힐러리가 기다리던 통지서를 우편 배달원이 가져왔다. 하지만 나사로부터 온 답장은 합격 통지서가 아니라 실망스러운 내용이었다.

'우주 비행사는 남자만 뽑습니다. 귀하는 자격 미달로 불합격입니다.'

여성 우주 비행사는 받지 않는다는 것이었다. 힐러리는 기가 막혔

다. 나이가 어려서 받을 수 없다면 이해할 수도 있었다. 하지만 여자라는 이유만으로 안 된다는 건 이해가 안 갔다.
 "세상의 절반이 여자인데 왜 여자는 안 된다는 거야."
 힐러리는 불합격 통지서를 엄마, 아빠에게 보여주었다.
 "이건 정말 잘못됐다고 생각해요. 제 말이 맞죠?"
 그러자 휴가 굳은 얼굴로 말했다.
 "여자가 안 뽑힌 건 당연한 일이다."
 아빠의 대답에 힐러리는 자신의 귀를 의심하며 깜짝 놀랐다.
 "말도 안돼요. 아빠는 늘 남자 아이들과 싸워서 이기라고 했잖아요?"
 휴는 고개를 가로 저으며 굳은 얼굴로 말했다.

 "달나라에 가는 건 힘들고 어려운 일이다 그런 건 남자들 몫이다."
 힐러리는 처음으로 아빠한테 실망했다. 자신에게 권투와

야구, 축구, 낚시 등을 가르쳐 주면서 여자도 남자처럼 다 할 수 있다고 가르쳐줬던 아빠가 너무나 다른 말을 했기 때문이다. 실망한 힐러리를 앞에 두고 아빠는 텔레비전을 보러갔다. 이때 힐러리의 어깨를 엄마가 다독여줬다.

"너무 슬퍼 말거라. 나중에 네가 크면 세상은 바뀔 거야."

그 당시 여자가 우주 비행사가 되는 것은 불가능했다. 힐러리는 남녀차별을 뼈저리게 느꼈다. 힐러리의 마음을 알아주는 건 같은 여자인 엄마뿐이라는 생각이 들었다. 떨구었던 고개를 드는 힐러리에게 엄마가 다시 말했다.

"넌 커서 결코 남자한테 의지해서는 안 된다. 여자도 남자와 동등하다는 걸 잊지 마라."

엄마의 위로가 힐러리에게는 큰 도움이 됐다. 조금 전까지 의기소침해 있던 힐러리의 눈빛이 다시 빛났다.

"네, 알겠어요."

다시 2년이 지나갔다. 힐러리가 사춘기를 맞이한 열네 살 때이었다. 힐러리는 시내 중심가를 벳시와 함께 나란히 자전거를 타고 지나가고 있었다. 신호등 앞에서 자전거를 멈춘 벳시가 갑자기 말했다.

"요새 마음에 드는 남자가 생겼어."

자전거를 멈춰 세운 힐러리가 두 눈을 동그랗게 뜨면서 물었다.

"정말? 그게 누군데?"

"바로 눈앞에 있잖아."

벳시가 턱짓으로 신호등 앞에 서 있는 빨강색 스포츠카를 가리켰다. 뚜껑이 열린 운전석에는 짧은 금발에 푸른 눈을 한 잘생긴 백인 청년이 앉아 있었다. 누가 봐도 한 눈에 반할 미남이었다. 힐러리는 두근거리는 가슴을 가라앉히며 벳시에게 물었다.

"저 사람 누구야?"

이때 신호등이 바뀌면서 빨간 차가 다시 출발했다. 벳시가 페달을 힘차게 밟으면서 자전거를 달리기 시작했다.

"궁금하면 따라와."

벳시는 빨간 차를 뒤따라 자전거를 몰았다. 힐러리 역시 지지 않고 벳시를 따라갔다. 무서운 속도로 달리는 빨간 차는 멀리 앞서가다 사라져버렸다. 하지만 그 차가 어디로 갔는지 다 안다는 듯 벳시는 자전거를 달렸다. 자전거가 멈춘 곳은 파크리지의 제일 감리교회 앞이었다. 교회 주차장 앞에 세워진 빨간 차가 보였다.

"새로 오신 목사님인 존스야."

벳시는 힐러리에게 빨간 차의 주인을 소개시켜줬다. 차 안에 앉아 있을 때는 몰랐는데 서있는 것을 보니 키도 무척이나 컸다. 존스가 말을 걸자 힐러리는 심장이 멎는 것만 같았다.

"힐러리, 청년부의 인생 대학 수업을 들어보지 않겠니?"

스물여섯 살의 도널드 존스는 뉴욕 출신으로 드루 신학교를 졸업하고 감리교회의 청년부 담당목사로 왔다. 그는 이전의 할아버지 같

던 청년부 담당목사와는 전혀 달랐다. 힐러리는 존스를 빤히 바라보다가 엉뚱한 대답을 했다.

"전 대학생이 아닌데요."

"하하하, 인생 대학은 청소년을 위해 일주일에 두 번 하는 강좌야."

이미 존스의 강좌를 신청해 놓은 벳시가 웃으며 물었다.

"힐러리, 너도 들을 거지?"

"응, 일단 한 번 들어볼게."

때마침 교회 청소년 관에서 인생 대학 강좌가 있던 날이었다. 수업은 일주일에 두 번씩 있었다. 강의실로 향하면서 벳시가 힐러리의 옆구리를 치면서 웃었다.

"어때, 목사님 미남이지?"

"난 남자 외모는 안 봐."

힐러리는 벳시와 나란히 앉아 강의를 들었다. 강의실 안에는 수십 명의 또래 청소년들이 있었다. 대부분 파크리지 인근에서 사는 백인 중산층 청소년들이었다.

칠판에는 '하나님, 가난, 정의, 음악, 예술'이라고 분필로 적혀 있었다. 모두 존스 목사가 인생 대학에서 강의할 주제였다. 이날 존스는 성경 구절을 읽어주고 이에 대한 해석을 해줬다. 다른 목사님들과 별 다를 것 없는 강의였다. 그런데 성경 말씀 끝에 존스는 인상적인 말을 했다.

"그냥 믿는 것만으로는 부족합니다. 하나님의 말씀을 믿기만 하고

나에겐 꿈이 있습니다　39

실천하지 않는다면 아무 소용이 없습니다."

존스 목사는 성경을 읽고 행동하는 믿음을 강조했다. 힐러리는 생각만으로 모든 일들이 가능할 것이라고 믿었던 자신의 기도가 생각났다. 존스는 계속해서 말했다.

"가만히 있는 자에게 하나님은 아무 것도 주시지 않을 겁니다."

힐러리는 설교를 들으면서 고개를 끄덕였다.

'맞아, 기도하고 믿는 것만으로는 부족해. 그걸 행동으로 옮겨야 해.'

성경 강독이 끝나자 존스 목사는 기타를 들고 의자에 앉았다. 청소년들의 눈길이 일제히 존스 목사의 손끝으로 향했다. 기타 줄을 고르면서 존스가 말했다.

"오늘은 밥 딜런의 '바람의 노래를 들어라'를 들려줄게요. 다들 이 노래를 들으면서 우리가 어떻게 행동해야 할지 생각해보시기 바랍니다."

존스가 조용히 기타를 치면서 노래를 부르기 시작했다. 힐러리는 존스를 가만히 바라봤다.

사람은 얼마나 많은 길을 걸어가야 사람이라고 불릴까~
포탄을 얼마나 많이 쏘아야 영원히 금지될 수 있을까~
친구여, 그 대답은 바람만이 알고 있네.

시적인 가사와 존스의 낮은 목소리가 힐러리의 귀를 간지럽혔다.

존스의 노래에 맞춰 힐러리의 고개가 저절로 흔들렸다.

**얼마나 많은 귀를 가져야 다른 사람들의 울음소리를 들을 수 있을까~?
얼마나 많은 사람들이 죽어야 너무 많은 사람들이 죽었음을 깨닫게 될까~?
친구여, 그 대답은 바람만이 알고 있네.**

존스의 노래가 끝나자 청소년들은 일제히 박수를 쳤다. 힐러리도 박수를 보냈다. 기타를 내려놓은 존스는 손가락으로 앞 머리카락을 쓸어 올리며 말했다.

"다음 강의 시간에는 도스토예프스키의「카라마조프가의 형제들」에 나오는 심판관의 의미에 대해 토론해 보겠어요. 꼭 소설을 읽고 오세요."

존스의 첫 강의를 듣고 나온 힐러리는 돌아서서 벳시에게 말했다.

"벳시, 미안해."

벳시가 영문을 모르겠다는 얼굴로 되물었다.

"뭐가?"

"나도 사랑에 빠져버리고 말았어. 존스 목사님이 너무 멋져."

힐러리의 말에 벳시가 잠시 멍한 얼굴로 바라봤다.

"그럼, 우리 삼각관계네?"

"풉, 그런가?"

"우리 라이벌이네. 앞으로 싸워야 해?"

"그래, 싸우자!"

말로는 싸우자고 했지만 힐러리와 벳시는 서로 옆구리를 간지럽히며 웃는 얼굴이었다. 힐러리는 감리교회의 청년부 수업에 빠짐없이 출석하게 되었다.

'거울아, 거울아, 이 세상에서 누가 제일 예쁘니?'

거실 거울 앞에 선 힐러리는 유심히 자신을 바라봤다. 거울 속의 힐러리는 두꺼운 안경을 끼고 줄무늬 바지를 입고 뒤로 질끈 묶은 머리를 하고 있었다. 힐러리는 머리를 풀었다 빗었다 계속해서 매만지고 있었다.

"남자 친구라도 생긴 거니?"

거실 한 쪽에서 양복 다림질을 하던 엄마가 물었다. 그러자 소파에 앉아서 신문을 보던 아빠도 한 마디 했다.

"남자 아이들과 춤추거나 놀러 다닐 생각은 꿈도 꾸지 마라. 그 시간에 책을 읽어라."

아빠의 말에 힐러리가 얼굴을 붉히며 대답했다.

"그런 거 아니에요."

"아니라도 마찬가지야. 외모에 신경 쓰는 건 시간과 돈만 낭비하는 꼴이다."

아빠가 신문을 접으며 말하자 엄마가 다리미를 들면서 거들었다.

"남들이 널 어떻게 보든 신경 쓰지 말고 살아라. 너는 이 세상에 하나 뿐인 존재야."

"네, 알겠어요. 봉사활동 다녀오겠습니다."

힐러리는 다시 머리를 질끈 묶고 밖으로 나갔다.

주말을 맞아 힐러리는 버스를 타고 사우스사이드의 빈민가로 갔다. 버스 안에는 존스 목사와 감리교회 친구들이 함께 타고 있었다. 힐러리는 존스 목사의 도움을 받아 빈민가의 탁아소 도우미 봉사단을 하였다. 멀리 일하러 나간 노동자들의 아이들을 돌봐 주는 봉사활동이었다.

사우스사이드는 파크리지와 달리 길도 좁고 건물들은 오래되고 칙칙했다. 금방이라도 유령이 나올 듯한 분위기였다. 이곳에는 주로 가난한 흑인들과 에스파냐계 이민자, 부랑자나 갱단 같은 범죄자들이 살기도 했다. 하지만 힐러리는 하나도 무섭지 않았다. 왜냐하면 존스 목사가 옆에 있었기 때문이었다.

"목사님, 같이 가요."

존스 목사의 손을 붙잡고 걸어가는 힐러리의 바지 주머니에는 과자와 사탕, 초콜릿이 가득했다. 탁아소에 있는 아이들에게 주려고 갖고 온 것이었다. 힐러리는 이곳에서 처음으로 가난하게 사는 흑인들을 가까이서 볼 수 있었다. 처음에 왔을 때 힐러리는 충격을 받았었다. 부유한 파크리지 사람들과는 달리 잘 먹지도 못하고 배우지도 못하는 탁아소의 흑인 아이들이 너무나 불쌍했다. 그에 비해 감리교

회 청년부 청소년들은 대부분 중산층 백인들이었다. 다들 힐러리처럼 사우스사이드에 오기 전에는 가난이라는 걸 보지 못한 아이들이었다.

"잠깐만, 멈춰 서서 이 그림을 봐 보아라."

앞장서서 걸어가던 존스 목사가 공장 담장 벽에 그려진 벽화를 가리켰다.

"혹시 이 그림의 제목을 아는 사람 있니?"

봉사활동을 나온 십여 명의 학생들은 모두 고개를 갸웃거렸다. 힐러리도 처음 보는 그림이었다. 존스 목사가 아이들에게 물었다.

"그럼, 이 벽화를 본 느낌을 말해 줄 사람?"

남자 아이들이 나서서 저마다 감상을 말했다.

"너무 어려워요. 무슨 뜻인지 모르겠는데요."

"그러게 말이에요. 그림이 알아보지 못하게 뒤죽박죽이네요."

"밝은 색 물감이 없어서 어둡게 그렸나? 내가 그려도 이 보단 잘 그렸겠다."

"하하하!"

웃음소리가 울려 퍼지는 가운데 존스 목사는 쓴웃음을 지었다. 힐러리는 벽화를 유심히 바라봤다. 흑백 그림을 자세히 보니 죽은 아이를 안고 우는 어머니, 쓰러진 사람들, 황소, 말, 불타는 건물 등이 부분적으로 보였다. 전체적으로는 면과 선이 잘려서 입체적이고 추상적으로 그려져 있었다. 힐러리가 입을 열어 말했다.

44

"끔찍해요."

존스 목사가 힐러리를 유심히 바라봤다.

"힐러리, 계속 말해 보거라."

"뭔가 무서운 일이 벌어진 것 같아요. 그림 속에서 비명 소리가 들리는 것 같아요."

존스 목사가 고개를 끄덕이며 한 손으로 힐러리의 머리를 쓰다듬었다.

"힐러리가 아주 정확히 그림을 봤네."

존스의 한 마디에 아이들이 모두 조용해졌다. 존스가 아이들을 바라보며 심각한 얼굴로 말했다.

"이 벽화는 화가 피카소의 〈게르니카〉를 모방해 그린 그림이다."

존스는 게르니카가 스페인의 도시 이름이라고 했다. 당시 스페인은 내전에 휩싸여 공화파와 왕당파간의 전쟁이 벌어졌다. 1937년 게르니카 하늘에는 왕당파를 지원하는 히틀러가 보내 준 독일 폭격기가 떴다. 폭격기는 폭탄을 떨어뜨렸고 게르니카는 순식간에 불길에 사로 잡혀 잿더미로 바뀌었다. 무기가 발달하지 않았던 당시에, 비행기에서 폭탄을 떨어뜨리는 건 스페인에서 처음 있는 일이었다. 하늘에서 떨어지는 폭탄은 생각도 못 했던 게르니카 주민들의 3분의 1이 죽거나 다쳤다.

"이때 모두 1,500명의 게르니카 시민들이 죽었다."

아이들이 끔찍한 듯 신음소리를 냈다. 존스 목사가 벽화를 가리키

면서 말했다.

"이 소식을 듣고 분노한 피카소가 그린 그림의 제목이 바로 〈게르니카〉다."

아이들은 그제야 모두들 고개를 끄덕이며 벽화를 다시 바라보았다.

"아, 그렇군요."

"설명을 듣고 보니 당시의 처참한 모습이 보이는 것 같아요."

존스는 청년부 학생들을 데리고 사우스하이드 감리교회 쪽으로 걸어갔다. 걸어가는 도중 힐러리의 머리를 다시 한 번 쓰다듬어 주었다.

"너만 제대로 그림을 봤구나."

존스의 칭찬에 힐러리는 우쭐했다.

"그런데 재미있는 사실이 있단다."

힐러리가 궁금증이 가득한 눈으로 존스를 올려다보았다. 그러자 존스가 말했다

"〈게르니카〉를 보고 이곳 길거리의 아이들에게 똑같은 질문을 한 적이 있었다."

"그랬더니 뭐래요?"

존스가 빙그레 웃음 지으며 대답했다.

"다들 힐러리 너처럼 대답을 하더구나."

존스는 허리를 숙여 힐러리만 듣게끔 조용히 말했다.

"가난하고 못 배운 거리의 아이들이 파크리지의 부잣집 아이들보다 그림을 잘 이해했던 거다."

"그렇군요."

존스는 고개를 끄덕이는 힐러리의 한 손을 잡아주었다. 힐러리의 얼굴이 잠시 붉어졌다. 힐러리는 탁아소에 갈 때까지 존스의 손을 놓지 않았다.

1962년 가을 어느 날, 미국 전역을 돌면서 강연을 하던 마틴 루터 킹 목사가 시카고를 방문하기로 했다. 킹 목사는 흑인에 대한 인종 차별에 반대하는 강연을 할 예정이었다. 존스 목사는 힐러리와 다른 청년부 학생들을 이끌고 참석하기로 했다. 모임을 며칠 앞두고 힐러리는 아빠에게 말했다.

"킹 목사님 보러 오케스트라 홀에 갔다 올게요."

"안 된다."

당연히 허락할 줄 알았는데 휴는 단번에 반대했다.

"왜요? 저희 교회 목사님이랑 같이 가는 거예요. 허락해 주세요."

"안 돼. 킹 목사는 사상에 문제가 있는 사람이야."

"아니에요, 킹 목사님은 차별 받는 흑인들을 위해 싸우시는 훌륭하신 분이에요."

휴가 인상을 찌푸리면서 큰 소리로 말했다.

"킹 목사는 위험한 민중 선동가다. 지금 흑인들을 이용하는 거야."

눈이 휘둥그레진 힐러리가 휴에게 물었다.

"왜요?"

아빠가 팔짱을 낀 채 심각한 얼굴로 말했다.

"결국 민주당 정치가가 되려는 야심 때문이지. 우리 집안은 공화당을 지지하니깐 킹 목사를 지지해서는 안 된다."

힐러리가 자신을 손가락으로 가리키면서 답답하다는 듯 말했다.

"아빠, 저도 공화당을 지지해요. 아빠랑 같은 편이라고요."

"그렇다면 아빠 말대로 가지 말거라."

"하지만 전 꼭 가보고 싶어요. 아빠 말이 맞는지 확인해 보고 올게요."

"아빠가 안 된다고 했잖아!"

쾅~! 화가 머리끝까지 난 아빠는 거실 문을 세게 닫고는 자리를 떠났다. 어느새 도로시가 힐러리 곁으로 다가왔다. 엄마가 위로하듯 어깨를 만져주자 힐러리가 답답한 얼굴로 물었다.

"다들 킹 목사님은 훌륭한 사람이라고 하는데 아빠는 왜 그러세요?"

"원래 고집 센 남자들이란 꽉 막힌 법이란다."

이 말을 들은 힐러리는 엄마랑은 여자끼리 통하는 데가 있다고 생각했다. 도로시가 잠깐 생각에 잠겼다가 웃음 띤 얼굴로 말했다.

"힐러리, 아무 걱정 말고 다녀 오거라."

"엄마! 정말이에요?"

대번에 힐러리의 얼굴이 환해졌다. 엄마도 웃으면서 고개를 끄덕였다.

"아빠한테는 내가 말을 잘 해 놓을게."

"고마워요, 역시 엄마뿐이야."

힐러리는 엄마 팔에 매달려 볼에 쪽쪽 소리가 날 정도로 입맞춤을 했다.

"그렇게나 좋으니."

엄마가 힐러리를 떼어내고는 진지한 얼굴로 말했다.

"힐러리, 잘 들어라. 넌 남자한테 매달리거나 지배당하지 말고 살아야 한다."

"네! 알겠습니다."

힐러리는 뛸 듯이 기뻐했다. 도로시는 늘 남편 휴가 하자는 데로 따랐지만 이번에는 달랐다. 휴가 고집을 꺾지 않았지만 도로시는 기어코 힐러리를 오케스트라 홀로 보냈다.

시카고의 오케스트라 홀은 킹 목사를 보기 위해 모인 사람들로 꽉 찼다. 힐러리는 존스 목사가 마련해 준 앞자리에 앉은 덕에 가까운 곳에서 킹 목사를 볼 수 있었다. 넓은 이마에 두툼한 입술, 인자한 얼굴에 통통한 몸을 한 킹은 옆 동네 아저씨처럼 친근해 보였다. 사회자가 킹 목사를 소개했다.

"마틴 루터 킹 목사님을 소개합니다. 오늘 강연은 미국의 인종차별과 불평등을 끝내기 위해 우리 모두가 해야 할 일에 대해 연설해 주시겠습니다."

사회자의 소개가 끝나자 일제히 박수 소리가 울렸다.

힐러리는 킹 목사에 관해 이미 잘 알고 있었다. 흑인들이 차별 받

는 사회에서 킹 목사는 가난과 싸우면서 공부해 보스턴 대학의 신학과에 들어갔고, 스물일곱 살의 젊은 목사가 되었다. 이후 그가 유명해진 것은 앨라배마 주의 한 교회에 다니던 중, 몽고메리의 버스 거부 운동에 앞장서면서 부터였다.

몽고메리의 버스는 흑백차별이 심했다. 백인과 흑인이 앉는 좌석이 달랐다. 특히 백인이 한 명도 타지 않은 경우에도 백인 전용 자리인 네 개의 앞좌석은 비워놔야 했다.

어느 날, 버스에 사람이 차서 백인이 서 있는 것을 보고 로자 파크스를 비롯한 흑인에게 일어날 것을 운전기사가 요구했다. 하지만 로자 파크스는 이를 거부했다가 체포되어 벌금형에 처해지게 됐다. 이를 시작으로 몽고베리 버스 보이콧 운동이 벌어졌다. 킹 목사는 앞장서서 이에 항의를 했고 결국 1년 뒤 연방법원은 버스 내 흑백차별은 법에 어긋난다는 판결을 내렸다. 이후 버스 안에서 백인 전용 좌석은 사라졌다.

"차별과 불평등을 받아들이는 것은 자신의 자존심과 주님의 가르침을 배반하는 것입니다."

킹 목사는 성경에 있는 곤경에 처한 친구를 모른 척해서 지옥에 던져진 남자에 대한 비유를 들었다. 그리고 기독교적인 사랑의 가르침으로 적극적인 행동을 하라고 했다.

"나에겐 꿈이 있습니다."

힐러리는 킹 목사의 연설을 한 마디도 빼놓지 않고 새겨들었다.

"내 자녀가 피부색이 아니라 인격에 따라 평가 받는 나라에 살게 되는 날이 오리라는 꿈이 있습니다."

킹 목사의 강연에 힐러리는 고개를 끄덕였다.

"맞아요, 저도 여자가 차별 받지 않고 우주 비행사가 될 수 있는 나라에서 살고 싶어요."

킹 목사는 주먹을 불끈 쥐고 큰 소리로 말했다.

"날마다 억압당하고, 날마다 착취당해도, 미워하지 맙시다. 폭력은 절대 안 됩니다."

앉아 있는 모든 사람들이 일제히 킹 목사를 바라보았다. 킹 목사는 천천히 사람들의 얼굴을 보며 말했다.

"우리는 사랑이라는 무기만을 사용해야 합니다."

듣고 있는 사람들이 일제히 자리에서 일어

나 우레와 같은 박수를 보냈다. 힐러리 역시 감동 받은 얼굴로 힘차게 박수를 치며 생각했다.

'킹 목사님은 위험한 민중 선동가가 아니야. 사랑의 전도사이셔.'

강연이 끝나자 존스 목사가 힐러리를 데리고 킹 목사에게로 다가갔다. 이미 킹 목사와 안면이 있었던 존스는 킹에게 힐러리를 소개시켜줬다. 킹 목사가 인자한 웃음을 지으며 두툼한 손을 내밀었다.

"힐러리, 만나서 반갑구나."

"목사님 연설이 정말 감동적이었어요. 존경합니다."

힐러리는 킹 목사와 악수를 하고 이야기를 나눌 수 있다는 사실이 믿어지지 않았다. 힐러리는 강연회에 못 가게 한 아빠가 말한 내용이 사실인지 궁금했다.

"그런데 목사님 혹시 나중에 정치인이 되실 생각은 없으세요?"

"정치가가 될 생각은 없다. 난 하나님의 가르침을 전파하는 목사란다."

'역시 킹 목사님은 훌륭하신 분이야.'

힐러리는 킹 목사가 위험한 사람이 아니란 걸 그를 직접 만나보고 알게 되었다. 그는 흑인들을 이용하는 게 아니라 그 누구보다도 흑인들을 사랑했다. 그렇다고 백인들을 저주하지도 않았다. 이렇게 킹 목사는 힐러리가 가장 존경하는 인물이 되었다.

킹이 웃는 얼굴로 힐러리에게 물었다.

"힐러리의 꿈은 무엇이지?"

"저는 목사님처럼 위대한 인물이 되는 게 꿈이에요.."

"하하하, 난 위인이 아니란다. 하지만 나와 같은 꿈을 꾸어준다면 고맙겠구나."

킹 목사가 호탕하게 웃자 힐러리는 미소를 지었다. 킹 목사는 힐러리의 머리를 쓰다듬어 주었다.

킹 목사의 강연이 끝난 후 참가자들 모두 시카고 시내를 도는 평화대행진이 있었다. 힐러리는 존스 목사 곁에 꼭 붙어서 손을 잡고 함께 행진을 했다. 킹 목사를 만나게 해준 존스 목사가 더욱 고맙게 느껴졌다. 한편 힐러리는 자신이 킹 목사에게 말했던 꿈이 허황된 게 아닌가하는 생각이 들었다.

"존스 목사님, 제 꿈이 너무 거창한가요?"

"꿈은 클수록 좋은 거야. 더구나 위대한 인물이 되려면 큰 꿈을 꿔야지."

"저 그거 말고도 다른 꿈도 있어요."

"그게 뭔데?"

궁금한 듯 내려다보는 존스를 향해 힐러리는 얼굴을 붉히며 속으로 생각했다.

'존스 목사님이랑 결혼하는 게 제 또 다른 꿈이에요.'

하지만 힐러리는 결국 존스 목사에게 자신의 숨겨진 꿈을 말하지 못했다.

"비밀이에요."

힐러리의 대답에 존스는 빙그레 웃음을 지어주었다. 하지만 행진을 하는 발걸음은 가벼웠다. 수많은 흑인들과 함께 행진을 하면서 힐러리는 자신이 무슨 일이든 다 해낼 수 있을 것만 같은 생각이 들었다.

사랑은 언제나 오래 참고

학교 휴게실에 앉아있는 힐러리는 초조하기만 했다. 오늘은 이스트 고등학교의 학생회장 선거가 있는 날이었다. 투표는 모두 끝났고 결과만 기다리고 있었다. 힐러리는 학교에서 학내 신문기자와 학생회 임원, 체육부장 등 다양한 활동을 하였다. 그러면서도 늘 우수한 성적을 거두었다. 또 학교 밖에서는 수많은 봉사활동과 아르바이트를 빠지지 않고 했다. 여학생들한테 인기도 많아서 학생회장에 뽑히기엔 충분했다.

'믿는 자에게는 능치 못할 것이 없느니라.'

힐러리는 두 눈을 꼭 감고 기도를 드리며 결과를 기다렸다. 연설도 잘했고 토론도 다른 후보들보다 더 뛰어났다. 어느새 옆에 다가와 선 벳시가 힐러리의 어깨에 한 손을 올리며 안타까운 얼굴로 말했다.

"케빈이 학생회장에 당선됐어."

"결국 그렇게 됐군."

학생회장에 당선된 케빈은 미남에 축구부 주장이었다. 학교의 남학생들은 대부분 남자인 케빈이 회장이 되어야 한다고 생각했다. 힐러리는 여학생들 사이에서 많은 지지를 받았다. 하지만 잘생긴 케빈은 여학생들 사이에서도 인기가 많았다. 힐러리는 공약을 가지고 학교의 대표를 뽑아야하는 선거가 인기투표처럼 치러지는 게 불만이었다. 더구나 선거 중간에 힐러리가 출마를 포기할 것이란 소문이 나서 선거 당일 날 힐러리를 지지하는 많은 여학생들이 투표에 불참했다. 힐러리로서는 이래저래 억울한 선거였다. 이때 머리에 기름칠을 잔뜩 한 케빈이 자신의 지지자들에게 둘러싸인 채 휴게실 안으로 들어왔다.

"저를 학생회장에 뽑아주셔서 고맙습니다."

케빈은 지지자들과 함께 학교를 돌아다니면서 당선 인사를 하고 있었다.

"열심히 학생회장으로서 일하겠습니다."

힐러리는 케빈 앞으로 다가가 악수를 하며 말했다.

"당선 축하해. 하지만 중간에 내가 사퇴했다고 헛소문을 낸 건 서운해."

케빈의 선거운동 담당자가 힐러리가 출마를 포기했다고 헛소문을 냈지만 힐러리는 거기에 아무런 대응도 하지 않았다. 진실이 비방을

이길 것이라는 생각에서였다.

케빈은 힐러리의 지적에도 넉살 좋게 웃으며 말했다.

"뻔 한 게임인데 네가 끝까지 선거를 치를 줄 몰랐어. 어쨌든 내가 이겼잖아?"

힐러리가 말없이 가만히 있자 케빈은 자신의 지지자들을 둘러보며 말했다.

"야, 힐러리는 아직도 여자가 학생회장으로 뽑힐 줄 알았나봐?"

"그러게 말이야. 하하하."

덩치 큰 남학생들이 일제히 크게 웃었다.

"정말 한심해."

케빈이 사과는커녕 자신을 빈정거리자 힐러리는 선거에서 떨어진 것보다도 더 가슴이 아팠다. 자신을 비웃는 웃음소리를 참을 수 없어서 휴게실을 박차고 나왔다. 벳시가 뒤따라 나왔지만 빠르게 달려가는 힐러리를 잡을 수 없었다.

"어디 가는 거야?"

힐러리가 달려간 곳은 감리교회였다. 힐러리는 존스 목사를 만나 학생회장 선거 결과와 자신의 억울함을 털어놓았다. 그리고 분이 안 풀린 듯 다짐하듯 말했다.

"여자도 할 수 있다는 걸 꼭 보여주고 말겠어요."

존스 목사는 다정하게 힐러리를 위로했다.

"그래, 학생회장 선거에서는 졌지만 인생에서는 이기면 되는 거란다."

힐러리는 존스 목사와 대화를 나누는 가운데 선거에서 패배한 가슴 아픈 일들이 지워졌다. 오히려 흥분했던 기분이 가라앉으면서 편안해졌다.

"이렇게 어려운 일이 생길 때마다 목사님을 만나서 애기할 수 있다니 저는 정말 행복해요."

웃고 있던 힐러리를 바라보던 존스의 얼굴이 어두워졌다.

"그런데 이제 아쉽게 됐구나."

"네? 그게 무슨 말씀이세요?"

깜짝 놀라 묻는 힐러리의 물음에 존스가 뜻밖의 말을 했다.

"난 얼마 후에 이곳 감리교회를 떠난단다."

힐러리는 하늘이 무너지는 것만 같았다.

"왜요?"

"드루 신학교로 되돌아가 교수 수업을 받을 생각이다."

사실은 이랬다. 감리교회의 많은 학부모들은 젊은 존스 목사를 못마땅하게 생각했다. 인생 대학을 통해 학생들에게 진보적인 사상을 심어주는 것을 불안해했다. 또한 학생들을 이끌고 흑인 거주 지역에서 봉사활동을 하는 것도 늘 불만이었다.

결국 보수적인 학부모들의 항의와 이에 동조하는 기존 교회 목사들의 완고함 때문에 존스는 파크리지 감리교회를 떠날 수밖에 없었다.

존스가 당장 얼마 후에 뉴저지 주로 간다는 생각에 힐러리는 앞 뒤

생각할 겨를이 없었다.

"목사님, 나중에 저랑 결혼해주시면 안 돼요?"

갑작스런 힐러리의 엉뚱한 고백에 존스는 그만 웃음을 터뜨렸다. 하지만 자신을 진지하게 바라보는 힐러리를 보자 존스는 웃음을 거두고 말했다.

"고린도전서 7장을 보면 '장가 간 자는 세상일을 염려하고 아내를 기쁘게 해주려고 마음이 나뉜다' 고 했다."

힐러리는 슬픔이 가득한 얼굴로 존스를 바라봤다.

"나는 평생 결혼하지 않고 주님만 기쁘게 하는 삶을 살아갈 생각이다."

존스의 대답에 힐러리는 짧게 한숨을 쉬었다. 존스가 또 말했다.

"넌 지금 또래 남자 친구들과 어울릴 때다."

"그래도 저는 목사님이 좋아요."

힐러리는 존스에게 와락 안겼다. 존스는 힐러리의 등을 토닥이면서 말했다.

"하나님께서 준비해 놓은 네 미래의 짝은 나보다 훨씬 훌륭한 사람이니 걱정 말거라."

존스는 힐러리를 품에서 떼어놓으면서 손에 기타를 잡았다.

"너에게 사랑하는 사람이 생기면 꼭 이 가사를 기억해라."

존스는 기타를 치면서 부드럽게 노래를 불러 주었다. 성경 고린도전서 13장을 개사한 노래였다.

사랑은 언제나 오래참고 사랑은 언제나 온유하며
사랑은 시기하지 않으며 자랑도 교만도 아니하며

사랑은 무례히 행치 않고 자기의 유익을 구치않고
사랑은 성내지 아니하며 진리와 함께 기뻐하네

사랑은 모든 것 감싸주고 바라고 믿고 참아내며
사랑은 영원토록 변함없네
믿음과 소망과 사랑은 이 세상 끝까지 영원하며
믿음과 소망과 사랑 중에 그 중에 제일은 사랑이라

힐러리는 존스가 불러주는 노래에 귀를 기울였다. 노래는 마치 존스가 힐러리에게 마지막으로 주는 선물처럼 달콤하면서도 슬펐다. 노래를 들으며 힐러리는 목사님과의 사랑은 이루어질 수 없다는 것을 깨달았다. 하지만 노래 가사를 생각하면서 사랑이 무언지 알 것만 같았다. 힐러리는 존스가 가르쳐 준 사랑의 의미를 평생 잊지 않겠노라 속으로 다짐했다.

존스가 감리교회를 떠나자 청년부는 활기를 잃었다. 청년부원들은 대부분 주일예배만 나오고 청년반 활동에는 나오지 않았다. 힐러리도 마찬가지였고 벳시도 그랬다. 학교를 마치고 자전거를 타고 돌아

오는 길에 벳시가 힐러리의 옆구리를 툭 치면서 말했다.

"우리 기분도 우울한데 미팅이나 하자!"

학생회장 선거도 떨어지고 존스 목사도 떠나 울적하던 힐러리도 기분을 바꾸고 싶었다. 하지만 아빠는 딸의 이성 교제를 늘 반대했다.

'왜 남자 애들이랑 운동하는 건 괜찮다고 하면서 데이트는 못하게 하시는 걸까?'

화를 내는 휴의 얼굴을 떠올리면서 힐러리가 고개를 저었다.

"아빠 때문에 안 돼."

"좋은 생각이 있어. 남자 친구랑 운전 연습한다고 해 봐."

"아빠한테 거짓말을 하긴 싫어."

"실제로 운전을 배우면 되잖아. 그러면 거짓말 하는 게 아니니깐."

졸업을 앞둔 고등학생인 힐러리 또래는 요새 운전면허를 따느라 다들 정신이 없었다. 남자 친구를 사귀어 운전을 배우는 건 좋은 생각이었다.

"오, 그거 참 좋은 아이디어인데."

집으로 달려간 힐러리는 아빠에게 말했다.

"아빠, 남자 친구가 운전면허 딸 수 있게 도와준대요."

휴 로댐은 중학생부터 힐러리가 남자 아이들과 춤추거나 데이트를 하는 것을 반대했다. 이성 교제는 돈과 시간을 낭비하는 쓸데없는 짓으로 생각했기 때문이었다. 휴는 그 시간에 차라리 공부를 하거나 운동을 하라고 힐러리에게 늘 말해왔다.

휴는 힐러리의 말을 듣고 콧방귀를 뀌었다.

"너에겐 자전거가 있으니 자동차 운전면허는 필요 없다고 그래."

아버지의 대답에 힐러리는 순간 당황했다.

"자전거는 중학생들이나 타요. 저도 이제 운전면허를 딸 수 있는 나이에요."

친구 벳시도 얼마 전 운전면허를 땄다. 같은 반 남자 친구들은 말할 것도 없었다.

"이제 차를 운전해서 학교에 오는 친구들도 많아요."

"나중에 이 아빠가 직접 운전을 가르쳐 줄 테니 걱정 말아라."

아빠의 말에 힐러리는 할 말을 잃었다. 이때 힐러리에겐 든든한 구원군이 나타났다. 바로 엄마 도로시였다.

"괜히 애들끼리 노는 것까지 간섭하지 말아요."

"우르르 몰려다니다 사고라도 나면 어쩌려고 그래?"

"이제 법적으로 운전면허를 딸 수 있는 나이에요."

젊은 시절에 엄마는 아빠가 하자는 데로 하면서 살았다. 하지만 나이를 먹을수록 휴는 엄마한테 꼼짝을 못 했다. 결국 아빠가 한 발 물러섰다. 도로시는 힐러리에게 윙크를 보냈다.

"힐러리, 잘 다녀오너라."

힐러리는 아빠의 눈치를 봤다. 아빠는 귀찮다는 듯 손을 내저으며 나가라는 시늉을 했다. 신이 나서 문밖으로 향하는 힐러리의 등 뒤에 대고 엄마가 말했다.

"사고 나지 않도록 조심하고 대신 늦게까지 있으면 안 된다."

"네, 알겠습니다."

힐러리는 벳시의 소개로 조 한센이라는 같은 학교 남자 친구를 만났다. 금발 머리에 코 주변에 주근깨가 있는 평범한 남자 아이였다.

"안녕, 난 한센이야."

"난 힐러리야."

미팅을 처음 한 힐러리는 처음엔 기대를 했지만 아무런 감정을 느끼지 못 했다. 어린 시절부터 남자 친구들과 어울려 야구와 축구를 해왔기에 별 다른 느낌이 없었다. 존스 목사를 볼 때 느꼈던 설렘도 없었고 다른 여자 친구들과 어울리는 것과 마찬가지였다.

첫째 날, 한센은 힐러리에게 자동차 시동 거는 법과 작동 법을 가르쳐 줬다. 이후 한센은 힐러리에게 운전을 가르쳐 주겠다는 구실로 매일 만났다. 한 번은 한센이 멋모르고 집 앞까지 차를 갖고 왔다 휴에게 혼쭐이 났다. 하지만 도로시가 쓴 소리를 한 이후 휴는 딸이 데이트를 하는 걸 모른 척했다. 힐러리는 한 달도 안 돼서 한센의 도움을 받아 운전면허를 땄다.

어느 밝은 밤, 한센은 힐러리를 옆 좌석에 태우고 도로를 달렸다.

한적한 언덕길에서 차를 세운 한센은 뒤 트렁크에서 뭔가를 꺼냈다. 네 개의 바퀴가 달린 스케이트보드였다. 한센이 스케이트보드를 옆구리에 끼고서 우쭐대며 말했다.

"너 스케이트보드 탈 수 있어?"

힐러리는 망설이지 않고 대답했다.

"응, 당연하지."

"그럼 먼저 타 봐."

힐러리는 한센이 바닥에 내려놓은 스케이트보드 위에 올랐다. 한 발을 올린 힐러리는 뒷발로 바닥을 지치고는 곧 보드 위로 올라탔다. 힐러리가 탄 스케이트보드는 미끄러지듯 언덕 아래로 달렸다.

꺅!

보드 타고 내려가던 힐러리가 소리를 지르자 한센이 한 팔을 휘두르며 큰 소리를 쳤다.

"잘 타면서 왜 소리를 질러."

하지만 힐러리는 스케이트보드를 처음 타 보는 것이었다. 남자에게 지기 싫어하는 성격의 힐러리는 스케이트보드를 못 탄다는 말을 하기가 싫었다.

처음 타 보는 스케이트보드였지만 힐러리는 언덕 아래까지 무사히 내려왔다. 두 다리가 후들거리며 무서웠지만 남자 친구 앞에서 망신을 당하지 않겠다는 생각으로 버텼다. 어느새 힐러리 앞으로 달려온 한센이 엄지손가락을 내밀었다. 힐러리는 그날 한센과 오랫동안 스케이트보드를 탔다. 이후에도 힐러리는 아버지의 감시가 느슨해진 틈을 타 다른 남자 친구들을 몇 명 더 만났다. 하지만 남자 친구라고 달리 특별한 감정은 생기지 않았다. 오히려 멀리 떠난 존스 목사가 그립기만 했다.

힐러리가 방에서 책을 읽고 있을 때였다. 휴가 들어와서 힐러리가 읽고 있는 책의 표지를 보았다. 공화당 골드워터 상원의원이 쓴 「보수주의자의 양심」이란 책이었다. 아빠가 반색을 하며 말했다.

"미래 미국 대통령 후보인 우리 골드워터 의원의 책이구나."

당시 힐러리는 그의 아버지나 대부분이 보수적인 파크리지 동네 사람들처럼 공화당에 호감을 가지고 있었다.

"전에 역사 선생님이 선물해 주신 책이에요."

힐러리는 역사 선생님이 준 「보수주의자의 양심」을 읽고 더욱 골드워터와 공화당의 열렬한 지지자가 되었다.

"근데 이 책은 이미 한 번 읽지 않았냐?"

"이번에 윤리 수업 시간에 모의 대통령 선거 투표를 해서 다시 읽고 있어요."

"그렇다면 넌 당연히 골드워터 위원 편이겠지."

"당연하지요. 작년에는 선거유세도 도와드렸잖아요."

한 해전, 힐러리와 친구 벳시는 배리 골드워터 의원의 선거유세를 도왔다. 시카고 소수민족 지역에서 선거인명부를 조작해 부정행위를 했는지 조사하는 것이었다. 당시 힐러리는 선거인들이 실제 주소에 살고 있는지 확인하는 조사활동을 했다. 가난한 빈민가를 방문하는 일이지만 휴는 이를 허락했다. 결국 골드워터 의원에게 불리한 부정행위는 없었던 것으로 드러났다. 하지만 이때 힐러리는 다시 한

번 가난한 흑인들의 생활을 가까이서 볼 수 있었다.

"재미있는 수업이 되겠구나. 꼭 골드워터 의원을 대통령으로 당선시키거라."

"네, 결과는 나중에 알려드릴게요."

교실에 들어온 키가 큰 베이커 선생님이 뜻밖의 말을 했다.

"다음 윤리 시간에 할 모의 대통령 토론회에서 지지자를 바꿔보겠다."

"어떻게요?"

"원래 민주당 후보를 지지하기로 했던 엘렌은 공화당 골드워터 후보를 지지하도록 해라."

교실 안이 웅성거렸다. 파크리지의 보수적인 분위기는 교실 안에서도 마찬가지였다. 모두 공화당을 지지했고 유일한 민주당 지지자는 엘렌 프레스 혼자였다. 엘렌은 린든 존슨 민주당 대통령 후보역을 맡기로 했었다. 힐러리가 손을 번쩍 들고 질문을 했다.

"선생님, 그럼 이제 누가 민주당 후보 역할을 하나요?"

"힐러리, 네가 하도록 해라."

"아니, 제가 왜요? 저는 골드워터 후보 역할을 하기로 했잖아요."

골드워터를 좋아한 힐러리는 자신이 지지하는 공화당 대통령 후보가 되길 원했다. 유일한 민주당 지지자였던 엘렌도 한 손을 번쩍 들고서는 발끈했다.

"저도 마찬가지에요. 선생님, 저는 존슨 후보를 지지한단 말이에요."

"말도 안 돼요. 전 벌써 자료 조사도 끝내고 토론 준비도 다 했어요."

하지만 베이커 선생은 힐러리에게 반대편인 민주당 존슨 후보의 역할을 맡겼다.

"자신이 원하지 않는 정당의 대통령 후보가 되어 연설문을 준비해 보도록 하거라."

힐러리는 화가 나는 한편 난감해했다. 기껏 골드워터의 책을 다시 읽고 근사한 연설문까지 준비했는데 모두 소용없게 돼버린 것이다. 베이커 선생은 상대방과 입장을 바꿔 생각할 수 있는 토론회를 만들어보겠다고 했다.

"이번 토론회를 통해서 반대 후보의 의견을 객관적으로 볼 수 있게 될 것이다."

도서관에 가는 길에 힐러리는 엘렌을 만났다. 졸지에 골드워터 의원을 지지하게 된 엘렌이 말했다.

"나도 화가 나지만, 우리 열심히 해보자."

도서관에 간 힐러리는 민주당과 존슨 후보에 관한 책들을 빌렸다. 책들을 쌓아놓고 자리에 앉은 힐러리는 한숨을 쉬었다.

'존슨 역할을 해내기 위해서는 어쩔 수 없지 뭐.'

이렇게 해서 힐러리는 민주당의 입장을 억지로 공부하게 됐다. 처음에는 책이 눈에 안 들어오고 민주당의 정책이 말도 안 된다고 생각했다. 하지만 계속해서 자료를 보고 공부를 하면서 힐러리의 생각은 조금씩 바뀌어 갔다.

'민주당 정책이라고 다 나쁜 건 아니네.'
하지만 한편으로는 또 다른 걱정이 들었다.
'나만 불리해. 아무리 준비를 잘 해도 다들 공화당을 지지하잖아!'
힐러리는 모두들 똑같은 생각을 한다는 게 답답하게 느껴졌다. 한편 처음부터 혼자서 민주당을 지지하겠다고 나선 엘렌이 새삼 대단하게 느껴졌다.
공부를 하면 할수록 힐러리는 민주당의 사회정책이 마음에 들었다. 인권이나 복지 정책 등은 가난한 미 국민들에게 당장 필요한 정책들이었다. 그러자 공화당에 대한 물음이 생겼다. 공화당은 가난이나 인종차별 같은 사회적인 문제는 정부가 해결할 필요가 없다고 주장했다. 정부가 사회문제에 개입하면 공산주의 국가가 될 수 있다는 이유 때문이었다.

'내 생각엔 공산주의 국가가 되지 않고도 충분히 해결할 수 있는 문제 같은데……'

힐러리는 자신도 모르는 사이에 민주당으로 마음이 옮겨가고 있었다. 민주당의 정책을 열심히 공부하면서 점점 존슨 후보의 공약은 힐러리의 공약이 되어 갔다.

드디어 베이커 선생님의 윤리 시간이 돌아왔다. 큰 탁자 앞으로 힐러리와 엘렌이 앉았다. 맞은편에는 많은 학생들이 마주보고 앉아 있었다. 힐러리와 엘렌은 각각 민주당 후보인 린든 존슨과 공화당 후보인 배리 골드워터의 역할을 맡아 연설을 했다. 힘찬 박수와 함께 엘렌의 연설이 끝난 후, 힐러리가 단상 앞으로 나섰다.

"민주당 후보인 제가 대통령이 되면 미국의 인권, 복지, 외교 정책 등은 획기적으로 발전하게 될 겁니다."

힐러리는 존슨 후보의 역할을 맡아 그의 자세한 공약을 차근차근 설명했다. 하지만 학생들의 반응은 조용하기만 했다. 힐러리는 예상했다는 듯이 다음과 같이 말했다.

"여러분들이 지금 무슨 생각을 하는지, 잘 알고 있습니다. 왜냐하면 저도 전에는 여러분과 같이 골드워터 의원을 사랑했고 공화당을

지지했기 때문입니다."

힐러리는 공화당과 민주당의 선거 공약의 차이를 밝히고 연설을 마무리했다.

대통령 후보들의 발표 이후, 질문과 대답이 오가는 토론이 벌어졌다. 대부분 공화당 후보인 엘렌에게 많은 질문이 갔다. 힐러리에게는 과거 공화당을 지지했다가 민주당 편을 들고 있다고 비난하는 질문도 있었다. 힐러리는 이렇게 대답했다.

"제가 여러분에게 말씀 드리고 싶은 것은 저처럼 입장을 바꾸어서 한 번 생각해 보시라는 겁니다."

토론이 끝난 후, 대통령 모의 투표가 시작되었다. 학생들은 자신이 지지하는 후보의 이름을 종이에 적어서 투표함에 집어넣었다. 결과는 공화당 골드워터 후보의 압도적인 승리였다. 모의 대통령 투표결과 새로운 대통령은 골드워터였다. 힐러리는 안타까워했고, 엘렌은 승리하고도 뭔가 아쉬운 표정이었다.

존슨 역할을 맡았던 힐러리가 예상했던 결과였다. 모의 투표에서는 졌지만 공화당을 지지했던 힐러리는 민주당의 정책을 새롭게 이해하게 되었다. 이를 통해 힐러리는 이전에 자신이 믿고 있던 것들이 무조건 옳은 것이 아님을 깨달았다.

집에 돌아간 힐러리는 저녁에 아빠에게서 난처한 질문을 받았다. 소파에 앉아 텔레비전을 보면서 맥주를 마시던 휴가 힐러리에게 물었다.

"학교 모의 대통령 선거에서 누가 이겼냐?"

"공화당 골드워터 후보가 대통령에 당선 됐어요."

휴는 기분 좋은 얼굴로 시원하다는 듯 맥주를 들이키면서 말했다.

"역시 그렇군. 당연한 결과야."

"그런데 저는 민주당 존슨 후보를 지지했어요."

아빠가 갑자기 마시던 맥주를 쏟을 듯 깜짝 놀라며 말했다.

"뭐라고? 그게 무슨 소리냐?"

"선생님이 지지하는 후보의 역할을 바꿔보라고 하셔서 어쩔 수 없었어요."

아빠가 안도하며 말했다.

"아하, 그런 거라면 내가 이해를 하마."

힐러리는 모의 선거를 준비하면서 자신이 진짜로 민주당을 지지하게 되었다는 생각을 아빠에게 말하려다 그만 두었다. 선거 토론을 준비하면서 힐러리는 다른 사람의 견해를 바꾸기 위해서는 설득력이 있어야 한다는 사실을 알았다. 하지만 아빠를 설득시킬 자신은 없었.

힐러리는 사람들을 설득하기 위해서는 무조건 자기주장을 고집하기 보다는 상대방의 입장을 이해하는 게 먼저라고 생각했다. 힐러리는 아빠의 말을 조용히 들었다.

"힐러리 명심해라. 우리 지역, 우리 가족은 모두 공화당 지지자들이다."

휴는 손에 든 맥주잔을 휘두르며 큰 소리로 말했다.

"파크리지 사람이라면 죽을 때까지 공화당을 지지해야 한다."

힐러리는 아빠를 이해해보려고 노력했지만 고지식하고 고집이 센 휴가 처음으로 답답하게 느껴졌다.

고등학교 졸업을 앞둔 힐러리는 대학 진학으로 고민에 빠졌다. 우수한 졸업 성적 덕분에 갈 수 있는 대학은 많았다. 하지만 어떤 대학을 선택해야 할지 좀처럼 결정을 내릴 수 없었다.

힐러리는 자신과 친했던 사회 선생님을 찾아가 상담을 했다. 여자였던 사회 선생님은 힐러리의 성격과 적성을 잘 이해하고 있었다. 선생님은 우선 여자 대학을 추천했다.

"여자라고 학생회장에서 떨어질 일도 없고, 남자들한테 잘 보일 일도 없어서 좋잖아."

여자라는 이유로 학생회장에서 떨어졌던 기억이 있던 힐러리로서는 여자 대학이 마음에 들었다.

"좋아요. 저 여대로 가겠어요."

그렇게 해서 두 개의 여자 대학에 동시에 합격했다. 매사추세츠 주에 있는 스미스 대학과 웰즐리 대학 중 한 곳을 선택해야 했다.

"이제 둘 중의 한 곳을 정하여라."

"글쎄요."

망설이던 힐러리는 졸업생들과 대학 학술지를 살펴보고 웰즐리 대학을 선택했다.

"웰즐리 대학의 아름다운 웨번 호수가 너무 마음에 들어요."

호숫가 캠퍼스가 마음에 들어 웰즐리 대학을 선택했다고 했지만 힐러리의 속마음에는 다른 뜻도 있었다.

'아버지가 날 사랑하시고 아끼시는 건 나도 이해해.'

힐러리는 여전히 휴를 사랑했고 늘 고맙게 생각했다. 답답하고 고집스럽긴 했지만 누구보다도 자신의 성공을 바란다는 것도 알고 있었다.

'하지만 이제는 아버지의 그늘에서 벗어나 나 혼자 힘으로 살아보고 싶어.'

1965년 가을, 힐러리는 부모님과 떨어져 일리노이 주에서 매사추세츠 주로 갔다. 마침내 웰즐리 대학에 신입생으로 입학했고 힐러리는 가족과 떨어져 대학 기숙사에서 생활해야 했다.

세상 밖으로

매사추세츠 주의 웰즐리 대학에 입학한 힐러리는 정치학을 전공했다. 수업을 마친 힐러리는 백조가 떠다니는 아름다운 웨번 호숫가 벤치에 앉아 있었다. 호수 뒤편에는 힐러리가 머무는 오래된 회색빛 기숙사 건물이 있었다.

친구가 많지 않았던 힐러리는 학교생활에 좀처럼 적응하지 못했다. 신입생들은 대부분 인종이나 종교로 나뉘어서 어울리곤 했다.

'대학 생활이 이렇게 답답하고 따분할 줄은 몰랐어.'

기숙사에는 통금 시간이 있었고 저녁 식사 때에는 바지를 입지 말고 꼭 치마를 입어야 했다. 힐러리는 학교 안의 강의실과 도서실, 기숙사를 오가는 생활을 했다.

'기대했던 것과는 너무 달라.'

힐러리가 실망한 얼굴로 호수에 돌멩이를 던지고 있을 때 엘디가 달려왔다. 같은 법학과에 다니는 엘디 아치슨은 키가 크고 예쁘면서 활달한 여학생이었다.

"지금 다 모였는데 여기서 혼자 뭘 하고 있어?"

엘디가 뛰어오며 소리치자 힐러리가 깜짝 놀란 얼굴로 벌떡 일어났다.

"아, 맞다. 오늘 과대표 뽑는 날이지."

"다들 기다리고 있어, 빨리 가자."

힐러리를 과대표로 추천한 친구는 엘디였다. 힐러리는 엘디를 따라 강의실을 향해 뛰었다. 강의실에 들어간 힐러리는 같은 과 학생들을 앞에 두고 공약을 발표했다.

"제가 과대표가 된다면 교외 외출금지 조항을 없앨 겁니다."

힐러리의 공약에 여학생들은 일제히 박수와 함께 환호성을 질렀다.

"와아, 그렇게 된다면 정말 좋겠어."

웰즐리 기숙사에서는 여학생들이 부모님의 허락을 받아야만 학교 밖 외출이 허락됐다. 대부분 부모님들과 떨어져 살고 있어 사실상 학교 밖 외출이 힘들었다. 힐러리는 그런 외출금지 조항을 없애겠다고 한 것이었다.

"또 신부수업 같은 고리타분한 과목들은 없애달라고 학교에 건의하겠습니다."

교양과목으로 배우는 신부수업 시간에는 여자들이 하이힐을 신는 법이나 차 대접하는 법 등을 배웠다. 또한 올바른 결혼 생활에 관한

내용도 있었다.

"우린 법과 정치를 배우러 왔지, 시집 잘 가기 위해 대학에 온 게 아닙니다."

강의실 가득히 여학생들의 환호성과 박수소리가 넘쳤다.

"맞아, 힐러리 그게 우리가 원하는 거야."

"힐러리에게 과대표를 맡기자."

"옳소!"

여학생들의 하나 된 응원 속에서 힐러리는 과대표가 되었다. 그리고 자신이 공약으로 내걸었던 요구사항들을 모두 지켰다. 법학과 과

대표가 된 힐러리는 학교 측에 건의해 교내 외출금지 조항을 없앴다. 또한 학생들이 원하지 않는 교과목들은 억지로 듣지 않아도 되게끔 만들었다. 여학생들 사이에서 힐러리의 인기는 나날이 높아갔다. 힐러리 역시 초반 의기소침했던 대학 생활에서 벗어나 점점 활기를 되찾고 열심히 대학 생활을 했다.

그러는 사이 힐러리는 4학년이 되었다. 과대표를 맡았던 신입생 힐러리는 이제 학교의 대표가 되는 선거에 나섰다.

"저를 웰즐리 학생회장으로 뽑아 주셔서 정말 감사합니다."
1968년, 4학년이 된 힐러리는 웰즐리 대학을 대표하는 학생회장에 뽑혔다. 힐러리는 평소 높은 굽의 하이힐을 신고 청바지 차림에 헐렁한 티셔츠를 걸치고 다니는 평범한 모습이었다. 하지만 웰즐리에서 이제 누구나 다 아는 유명 인사가 됐다.
"힐러리, 당선 축하해!"
엘디는 꽃다발을 들고 힐러리의 당선을 축하해줬다. 힐러리는 엘디를 꼭 껴안았다. 힐러리는 신입생 때부터 친구였던 엘디와 뜻이 잘 통했다.
"엘디, 늘 나를 도와줘서 고마워."
앞으로 엘디는 학생회장인 힐러리를 도와 같이 학생회 활동을 하기로 했다.

"졸업까지 1년 밖에 안 남았지만 우린 할 일이 많을 거야."

학생회장이 된 힐러리는 자신이 내건 선거공약을 이행하기 위해 학내 문제 해결에 앞장섰다. 그러는 사이 큰 사건이 터졌다.

1968년 4월 4일, 테네시 주의 멤피스에서 마틴 루터 킹 목사가 총에 맞아 암살 되었다. 이 소식을 접한 힐러리는 슬픔의 눈물을 흘렸다.

"킹 목사님이 이렇게 돌아가시다니, 정말 믿을 수가 없어."

힐러리는 매사추세츠 주 보스턴 중심가에서 열린 평화추모 집회에 참석했다. 검은 리본을 달고 그의 죽음을 애도했다. 고개를 숙이고 묵념을 하면서 힐러리는 자신의 머리를 쓰다듬어 주던 킹 목사의 손길을 떠올렸다. 고등학교 시절 만났던 킹 목사님이 해 주었던 말들도 기억이 났다. 힐러리는 눈시울을 붉히며 생각했다.

'킹 목사님, 당신이 꾸었던 꿈을 절대로 잊지 않겠습니다.'

노벨 평화상까지 받은 킹 목사가 암살된 사실은 미국 전역을 충격으로 몰아넣었다. 특히나 그를 따르고 존경하던 흑인들은 상심이 더욱 컸다. 흑인들은 거리로 나와 시위에 나섰다. 이에 동조하는 백인들도 가만히 있지 않았다.

웰즐리 대학교에서도 킹 목사의 죽음을 애도하는 학내 행사가 벌어졌다. 여기에서 흑백 문제의 갈등을 해결하기 위해 학생들이 나서야 한다는 주장이 여기저기서 나왔다. 학생회장인 힐러리가 나서서 의견을 나누었다.

"흑백 갈등을 없애기 위해 학교에서 우리가 할 일은 없을까?"

세상 밖으로

힐러리의 친구 엘디가 나서서 의견을 말했다.

"학교 측에 더 많은 흑인 학생과 흑인 교수를 뽑자고 요구해야 해."

웰즐리 대학에는 흑인 학생들이 전부 20여 명도 안 됐다. 수백 명이 넘는 백인 학생과 비교되는 숫자였다. 힐러리는 의견을 낸 친구 엘디에게 학내 흑백 갈등 해소 위원회의 회장직을 맡겼다.

엘디는 학교 측에 자신들의 요구 사항을 전달했다.

"제가 학교에 들어왔을 때 400여 명이 넘는 신입생 중에 흑인 학생은 단 다섯 명뿐이었습니다. 지금도 이런 현실은 마찬가지입니다. 더 많은 흑인 학생들을 받아주세요."

하지만 학교 측은 엘디와 학생들의 요구 사항을 무시했다. 그러자 엘디는 학생들을 동원해 시위에 나섰다. 처음에는 자신들의 요구 사항이 적힌 피켓을 들고 학내를 돌아다니며 구호를 외쳤다.

"학교 내 인종차별에 반대한다."

"웰즐리는 더 많은 흑인 학생과 교수를 받아들여라!"

엘디와 학생들의 피켓 행진 시위에도 학교 측은 묵묵부답이었다.

"학교 측이 계속 우리의 의견을 무시한다면 다른 방법을 쓰겠어요."

엘디는 강의거부와 교문 폐쇄 같은 극단적인 시위 방법을 생각했다.

"강의실 의자를 쌓아서 교문을 막아버리겠어."

요구가 관철될 때까지 학생들과 교수의 학내 출입을 막겠다는 것이었다. 그러자 힐러리가 반대하고 나섰다.

"그러면 학교 경비원들이랑 남자 교직원들이 나설 거야. 잘못하면

학생들이 다칠 수 있어."

엘디는 힐러리에게 지지 않고 말했다.

"여학생들이라고 힘을 못 쓰라는 법은 없어. 우리 숫자가 더 많을 거야."

"엘디, 현실적으로 그들과 싸워서 우리는 이길 수 없어."

고개를 가로 젓는 힐러리에게 엘디가 자신만만하게 말했다.

"걱정 마, 그들이 폭력을 쓰면 우린 다른 학교 남학생들을 부르면 돼."

"아니야, 우리 학교 문제는 우리 힘으로 해결해야 해."

"그럼, 다른 무슨 좋은 수라도 있어?"

"나한테 맡겨 봐."

이때부터 학생회장인 힐러리가 나서서 중재자 역할을 맡았다. 힐러리는 우선 엘디를 비롯한 과격해진 학생들의 흥분을 가라앉혔다. 그리고 학생들과 가깝게 지내는 원로교수들을 만나 도움을 청했다. 그리고 마지막으로 대학 행정실을 찾아가 정중히 자신들의 요구 사항을 다시 한 번 부탁했다.

한 달 가까이 힐러리는 학생-교수-행정실 사이를 오가며 서로의 의견을 조정했다. 때로는 관련자들을 모아 토론회를 벌였다. 힐러리는 어렸을 때부터 각기 성격이 다른 엄마와 아빠가 어떻게 서로의 의견을 조정하는지를 봐왔기 때문에 조정하는 법을 잘 알고 있었다.

그럼에도 학교 측은 끝끝내 학생들의 요구를 받아들이지 않았다. 힐러리는 혼자서 학생처장을 만나러 가서 폭탄선언을 했다.

"만약 학생들의 요구가 받아들여지지 않는다면 웰즐리는 남녀 공학으로 바뀔지 몰라요."

의자에 앉아 있던 금발의 중년 부인인 심슨 학생처장은 화들짝 놀랐다.

"학생회장, 그게 무슨 말인가요?"

"곧 저희 시위를 돕기 위해서 매사추세츠 주립대학과 보스턴 대학의 남학생들이 우리 학교에 올 겁니다."

"그건 말도 안 돼요."

"남학생들이 몰려오면 흑인 여학생뿐만 아니라 남학생도 받아들여 달라고 요구사항을 늘릴 겁니다."

심슨 부인은 한 손으로 머리를 받치며 난감한 얼굴로 말했다.

"생각만 해도 끔찍하네요."

"흑인 여학생과 흑인 교수님들을 더 많이 채용해 주세요. 남학생들이 학교에 들어오는 것보다는 낫지 않겠어요."

힐러리가 고개 숙이며 부탁을 하자 심슨 부인은 한 발 뒤로 물러섰다.

"좋아요. 총장님을 만나 상의해 볼게요."

결국 힐러리의 설득으로 대학 측은 흑인 학생과 흑인 교수 채용 요구를 받아들였다. 교문 폐쇄와 같은 극단적인 방법 없이, 토론과 설득과 양보 속에서 일이 마무리 되었다. 이 일로 힐러리는 학생들 사이에서 또 다시 리더로서의 능력을 인정받았다. 이로써 학내 흑백 갈등 문제는 잘 해결 되었다. 하지만 학교 밖의 사정은 더 안 좋아졌다.

킹 목사가 암살당한 두 달 뒤에는 상원의원인 로버트 케네디 민주당 대통령 후보가 로스앤젤레스에서 암살 됐다. 그는 5년 전 암살당한 존 에프 케네디 대통령의 남동생이었다. 미국은 깊은 혼란에 빠져들었다. 케네디 일가를 존경하던 힐러리 역시 충격에 빠졌다.

대학생들은 또 다시 거리로 쏟아져 나왔다. 힐러리는 시카고에서 열린 민주당 전당대회에서 고등학교 때 친구였던 벳시를 오랜만에 만났다. 수 천 명의 시위대는 킹 목사와 케네디 의원의 암살을 비난했다. 또한 베트남전의 미군 참전을 반대하는 거리 시위도 벌였다.

시카고 시위를 해산시키기 위해서 경찰은 최루탄을 쏘았다. 분노한 군중들은 경찰차를 뒤집으며 저항했다. 그러자 경찰은 시위대를 향해 총을 쐈다.

"이건 절대 내가 원하는 바가 아니야."

힐러리는 길거리에서 벌어지는 폭력적인 상황에 반대했다. 사랑을 무기로 쓰라는 킹 목사의 말을 무엇보다도 소중하게 생각했다. 그래서 이런 상황에서도 자신이 원하는 평화를 지키기 위해서는 무엇이 필요할까 곰곰이 생각했다.

"그래, 졸업 후에 변호사가 되어 잘못된 걸 고쳐보겠어."

힐러리는 이 날 베트남전 반전 시위 도중 학생이 죽었다는 소식을 나중에 들었다. 힐러리는 국가가 국민을 대상으로 전쟁을 벌인다는 생각에 충격을 받았다. 또 다시 학생들은 거리로 나섰다.

날씨가 추워지자 시위는 잠잠해졌고 힐러리는 학교로 돌아가 기말

고사를 치렀다. 그리고 곧 크리스마스가 다가왔다.

학생회실에서 크리스마스 파티를 하는 날, 엘디가 힐러리에게 다가왔다.

"힐러리가 졸업생 중 전체 수석이라면서? 정말 대단해."

힐러리는 시위에 앞장서고 학내 분규를 조정하는 바쁜 와중에도 공부를 열심히 했다. 졸업을 앞두고 힐러리는 전체 수석을 차지했다.

"엘디도 1년 동안 고생이 많았어."

"이제 대학을 졸업하면 더 이상 시위에 참석하기도 어렵겠지."

"열심히 싸웠는데 세상은 우리가 기대한 만큼 바뀌지 않은 것 같아."

"그래도 학교를 떠난다니 시원섭섭하네."

힐러리는 졸업을 하면 변호사 일을 하면서 세상을 바꾸고 싶었다. 킹 목사와 케네디 대통령이 꿈꿔왔던 새로운 미국을 현실 속에서 이뤄내며 살고 싶었다.

엘디와 친구들이 힐러리와 함께 잔을 부딪치면서 크리스마스를 축하했다.

"해피 크리스마스"

엘디가 힐러리의 한쪽 귀에 대고 은밀하게 말했다.

"우리 졸업하기 전에 마지막으로 한 번 또 나서 볼까?"

"곧 있음 졸업식인데 할 일이 뭐가 있다고?"

술잔을 빙빙 돌리던 엘디가 웃으면서 말했다.

"네가 졸업식 때 모두에게 경각심을 줄 연설을 하는 거야."

힐러리가 고개를 갸우뚱 거렸다.

"나는 괜찮은데, 학교에서 허락해 주지 않을 거야"

"이번에는 내가 한 번 나서 볼게."

엘디는 졸업식 프로그램에 학생 대표 연사의 연설을 넣어달라고 학생처장 심슨 부인에게 제의했다. 그렇게 된다면 연설자는 당연히 학생회장인 힐러리가 맡게끔 되었다. 하지만 심슨 부인은 정색을 하며 손을 내저었다.

"안 됩니다. 웰즐리 졸업식에서 학생 연설은 여태껏 한 번도 없었어요."

"그럼 새로운 전통을 만들면 되잖아요."

"아니, 안 돼요."

엘디는 인상을 찌푸리면서 또 말했다.

"졸업식 축하 연사는 이미 정해졌어요. 학생들이 굳이 나서지 않아도 됩니다."

대학 졸업식 때의 연설은 학교장과 초대 인사가 도맡아 하였다. 엘디는 학교 측에서 초청한 초대 연사가 궁금했다.

"누군데요?"

"공화당 상원의원인 에드워드 브룩씨입니다."

흑인인 에드워드 브룩은 공화당 상원의원이었다.

"브룩 의원의 연설은 환영합니다. 하지만 따로 학생들에게도 기회를 주세요."

"안 됩니다. 이건 제가 결정할 사항이 아닙니다."

그 후에도 엘디는 계속해서 학생 대표 연설을 하게 해달라고 학생처장을 귀찮게 쫓아다녔다. 심슨 부인은 엘디를 피해 도망 다녔다. 그러는 사이에 졸업식 날이 가까이 다가오고 있었다. 엘디는 최후의 방법으로 심슨 부인에게 큰 소리를 쳤다.

"자꾸 이러시면 할아버지랑 아버지한테 부탁하겠어요."

엘디의 할아버지는 웰즐리 대학의 학과장이었다. 또 아버지는 매사추세츠 주의 유명한 정계 거물 정치인이었다. 실제로 엘디는 아버지와 할아버지에게 학교 측이 학생 대표의 연설을 막고 있다고 불평을 했다.

졸업식을 얼마 앞둔 어느 날, 어디선가 전화를 받은 심슨 학생처장이 엘디를 학과실로 불렀다.

"축하해요, 애덤스 총장님이 학생 대표 연설을 허락 하셨어요."

엘디는 환하게 웃음을 지었다.

"대신 한 가지 조건이 있어요."

"뭔데요?"

"졸업식 전에 연설문을 미리 학교 측에 제출해야 합니다."

"알겠습니다."

문을 열고 나가려던 엘디는 환하게 웃는 얼굴로 돌아보며 말했다.

"아 참, 그리고 연설은 힐러리가 하게 될 거예요."

1969년 웰즐리 대학의 졸업식장은 수많은 사람들로 붐볐다.

끈이 달린 사각모자를 쓰고 검은색 졸업복을 입은 여학생들이 단상을 향해 일렬로 앉아 있었다. 단상 위, 연단 왼쪽에는 총장님과 브룩 상원의원이 나란히 앉아 있었다. 그리고 오른쪽 끝에는 힐러리가 앉아 있었다.

총장님의 인사가 끝난 후, 브룩 의원이 연설을 했다. 미국 최초의 흑인 출신 공화당 상원의원인 브룩 의원은 지난 1년간 일어났던 폭력 시위의 위험성을 경고했다.

"이제 더 이상 폭력 시위는 멈춰야 합니다."

단상 위 의자에 앉아 있던 힐러리는 브룩 의원의 말을 들으면서 무언가를 종이 위에 썼다. 브룩 의원의 연설은 계속됐다.

"불법 시위가 계속 된다면 혼란만 일어 날뿐입니다. 명분을 잃으면 우리가 아무리 좋은 가치를 외쳐도 받아들여지지 않을 겁니다."

박수 소리를 받으며 브룩 의원은 자신의 자리로 돌아갔다.

차례가 되어 연단 앞에 선 힐러리는 잠시 브룩 상원의원을 돌아봤다.

"존경하는 브룩 의원님의 소중한 연설을 잘 들었습니다. 그런데 저는 몇 가지 점에서 다르게 생각합니다."

힐러리의 말에 브룩 의원은 당황했고 총장은 헛기침을 했다. 청중석의 학부모들 역시 술렁였다. 브룩 의원이 연설을 하는 동안 딴 짓을 하던 졸업생들도 일제히 집중해서 힐러리를 바라봤다. 시카고에서 온 휴 로댐 역시 긴장 한 채 딸의 졸업 연설을 지켜봤다.

"졸업생을 대표해서 잠시 몇 가지 얘기하겠습니다."

연설을 시작하며 힐러리는 사각모 밖으로 삐져나온 머리카락을 매만졌다.

"앞서서 브룩 상원의원은 좋은 길을 제시해주셨습니다."

브룩은 앞선 연설에서 완벽함, 신뢰, 존중만이 현재의 문제를 해결할 수 있다고 말했었다.

"아울러 평화적인 방식만이 우리가 행할 길이라고 말씀하셨습니다."

조용히 연설을 듣던 브룩 의원은 힐러리의 말에 고개를 끄덕였다.

"저는 브룩 의원님의 말씀처럼 살았던 분을 알고 있습니다. 바로 마틴 루터 킹 목사님입니다. 그는 비폭력을 실천하시고 사랑의 무기를 가르침으로 일평생 살았습니다."

연설에서 킹 목사의 얘기가 나오자 졸업식장은 쥐 죽은 듯이 조용해졌다. 숙연해진 분위기에서 힐러리는 연설을 이어갔다.

"그러나 킹 목사님은 암살당하셨습니다. 이런 현실인데 어디에서 신뢰와 존중을 갖추고 완벽함을 찾겠습니까?"

여기까지 말한 힐러리는 준비된 원고를 읽었다.

"우리 모두는 앞날이 보이지 않는 세상 속에서 새로운 길을 찾으려고 노력했습니다. 그러나 저희는 안타깝게도 경쟁과 욕심에 빠져 서로를 믿지 못하는 세상에 살고 있습니다."

많은 졸업생들이 공감하며 고개를 끄덕였다.

"이것은 우리가 원하는 삶의 방식이 아닙니다. 우리는 함께 기뻐

하고 행복할 수 있는 가정, 학교, 교회, 정부를 원합니다. 그런데 지금은 모든 것이 불가능해 보입니다."

이어서 구체적으로 힐러리는 리처드 닉슨 대통령의 정책을 우회적으로 비판했다. 걱정스런 얼굴로 총장은 연설을 하는 힐러리를 바라봤다.

"미국 지도자들은 정치란 불가능한 것을 가능한 것으로 만드는 기술로써 생각해 왔습니다."

힐러리는 상투적인 졸업 연설 대신 흑인, 인권, 정치 등 사회적인 문제를 언급했다. 몇몇 학부모들과 학교 관계자들은 눈이 휘둥그레졌다.

"지금이야말로 정치 혁신이 필요합니다. 낡고 잘못된 것은 모두 바꿔야 합니다. 미국은 좀 더 다양해지고 새롭고 젊어져야 합니다."

힐러리는 손가락으로 졸업생들을 가리키면서 현 정부에게 건설적인 항의를 할 것을 요구했다. 청중들은 연설 내용만큼이나 힐러리의 당당한 태도에 빠져들었다.

"이제 사회에 진출하는 여러분이 직접 나서야 합니다."

힐러리의 연설이 끝나자 자리에 앉아 있던 졸업생들이 일제히 자리에서 벌떡 일어섰다. 박수소리와 함께 여기저기서 휘파람 소리가 울렸다. 어떤 여학생은 펄쩍펄쩍 뛰면서 환호했다. 우레와 같은 박수 소리는 5분이 넘도록 계속됐다. 힐러리의 아버지 휴에게도 너무나 자랑스러운 순간이었다.

"힐러리 다 컸구나. 이제 더 이상 바랄 게 없다."

휴는 명문 웰즐리 대학을 졸업한 힐러리가 역사에 남을 명연설을 했다고 생각했다.

"내가 생각했던 것보다 훌륭하게 자라줘서 고맙구나."

휴는 딸을 위해 조용히 박수를 치면서 지켜봤다.

"연설 너무 멋졌어. 대단해!"

연단에서 내려온 힐러리를 향해 엘디를 비롯한 한 무리의 졸업생들이 우르르 몰려갔다.

"힐러리에게 우리 다 같이 잊지 못할 졸업 선물을 해주자."

졸업생들은 힐러리를 웨번 호숫가로 끌고 갔다. 엘디가 크게 숫자를 외치자 졸업생들은 힐러리의 팔다리를 잡고 공중에서 흔들었다.

"4, 3, 2, 1! 졸업 축하해! 힐러리."

꺅~

웨번 호수로 던져진 힐러리가 비명소리와 함께 철퍼덕 소리를 내며 물에 빠졌다. 힐러리를 따라 엘디와 몇몇 졸업생들이 웨번 호수로 뛰어들었다. 하지만 친구들이 물에 빠뜨릴 줄 미리 알았던 힐러리는 졸업복 안에 수영복을 입고 있었다. 물 위로 떠오른 힐러리는 웨번 호수를 유유히 헤엄쳤다.

졸업 연설로 인해 힐러리는 동부지역 명문대학의 스타로 떠올랐다. 1969년 〈라이프〉지에는 힐러리의 사진이 커다랗게 실리면서 졸업식 현장의 분위기를 전했다. 또한 이날 연설의 주요 내용을 함께

실었다. 힐러리는 언론의 주목을 받으면서 더욱 유명해졌다.

 공원 벤치에 앉은 갈색머리의 청년이 〈라이프〉지를 읽고 있었다. 키가 크고 장발에 턱수염을 기른 청년은 잡지에 실린 힐러리의 사진을 인상 깊게 바라봤다.
 "제대로 생각할 줄 아는 정말 멋진 여학생이군."

이때 벤치를 향해 금발의 아름다운 여대생이 다가왔다.

"빌, 뭘 그렇게 뚫어져라 보는 거야?"

"졸업식 날 학교를 발칵 뒤집어 놓은 웰즐리 여대생 이야기야."

이때까지만 해도 빌 클린턴은 자신이 나중에 힐러리를 만나게 될 줄은 생각도 하지 못했다. 당시 빌은 영국 옥스퍼드 대학에서 유학을 마치고 미국으로 막 돌아왔을 때었다. 빌은 보고 있던 〈라이프〉지를 반으로 접어 헐렁한 청바지 뒷주머니에 꽂고는 여학생 뒤를 따라 나섰다.

믿음과 소망과 사랑 중에 그 중에 제일은 사랑이네

　웰즐리 대학교를 수석 졸업한 힐러리는 예일 대학교 법과대학원에 입학했다. 원래는 동시에 합격한 명문 하버드 대학원에 들어갈 생각이었다. 하지만 상담을 한 하버드 대학 교수의 한 마디가 힐러리의 마음을 바꾸게 했다.
　"하버드 법과대학원에는 여자 변호사가 필요 없네."
　변호사가 되고 싶었던 힐러리는 예일 대학원을 선택했다.
　예일 대학원에 입학한 힐러리는 학회지 편집자, 아동학연구소 등에서 활동하며 새로운 캠퍼스 생활을 즐겼다. 웰즐리와 달리 예일대학은 개방적이었고 활기가 넘쳤다. 공부할 게 많았던 법학 전문 대학원이었기에 힐러리는 대부분의 시간을 도서관에서 보냈다. 그렇게 1년, 2년의 시간이 흘러갔다. 대학원은 모두 3년에 걸친 과정이었다.

"누구지?"

몇 주 전부터 힐러리는 도서관에서 누군가 자신을 바라보고 있는 걸 느꼈다. 일주일 전부터는 아예 도서관 밖에서까지 자신의 뒤를 쫓아다녔다. 힐러리는 친구들을 통해 그게 빌 클린턴이라는 사실을 알아냈다. 키가 크고 갈색머리에 미남인 빌은 대학원에서 유명한 바람둥이였다.

빌은 힐러리를 처음 본 순간 어디에선가 봤다는 생각이 들었다. 하지만 정확히 어디에서 봤는지 기억이 나지 않았다. 고개를 갸우뚱거리던 클린턴은 힐러리에게 다가가 말을 건네려다 말았다. 예전의 그라면 마음에 드는 여학생이 앞에 있으면 무조건 가서 인사를 했다. 하지만 이상하게 힐러리에게는 좀처럼 다가갈 수 없었다.

친구들을 통해 클린턴은 힐러리가 웰즐리 대학의 유명한 졸업생 연설의 당사자라는 걸 알았다. 그제야 〈라이프〉지 기사를 읽었던 기억이 났다. 그러자 더더욱 힐러리에게 쉽게 다가가기가 힘들었다. 또 힐러리는 도도한 여학생으로 소문이 나서 빌은 쉽게 접근을 못했다.

어느 날, 도서관에 간 힐러리는 안경 너머로 빌을 또 보았다. 십여 개의 큰 책상이 놓인 도서관 열람실에서 가운데에 앉아 있는 힐러리를 구석에 앉은 빌이 훔쳐보고 있었다. 갑자기 힐러리는 자신이 읽

던 책과 가방을 싸갖고 자리에서 일어났다.

그리고는 힐러리는 빌이 앉아있는 책상의 맞은편에 앉았다. 주변에는 아무도 앉아있지 않았다. 갑자기 힐러리가 맞은편에 앉자 빌은 가슴이 철렁 내려앉을 정도로 깜짝 놀랐다. 너무 놀란 나머지 고개를 숙이고 말았다. 반면 힐러리는 여유 만만한 얼굴로 빌에게 말했다.

"자, 이제 가까이 앉았으니 마음껏 봐요."

빌은 자신이 방금 무슨 말을 들었는지 귀를 의심했다. 고개를 드는 빌 앞으로 힐러리가 미소를 지었다.

"여태까지 나를 마음껏 쳐다봤으니 이제부터 나도 똑같이 쳐다볼 거예요."

빌은 무언가 말을 해야 할 것 같았다.

"일부러 그러려고 그런 게 아닙니다."

"그럼, 언제까지 절 쫓아다닐 생각이에요?"

빌은 할 말을 잃고 멀뚱한 얼굴로 힐러리를 바라봤다. 그러자 힐러리가 한 손을 내밀었다.

"이름이나 밝히시고 쫓아다니시죠. 전 힐러리 로댐이에요."

빌이 천천히 힐러리의 얼굴을 살펴보면서 조심스럽게 한 손을 잡았다.

"저는 빌 클린턴입니다."

힐러리와 빌은 책상을 사이에 두고 서로 악수를 나눴다.

"언제부터 나를 쫓아 다녔지요?"

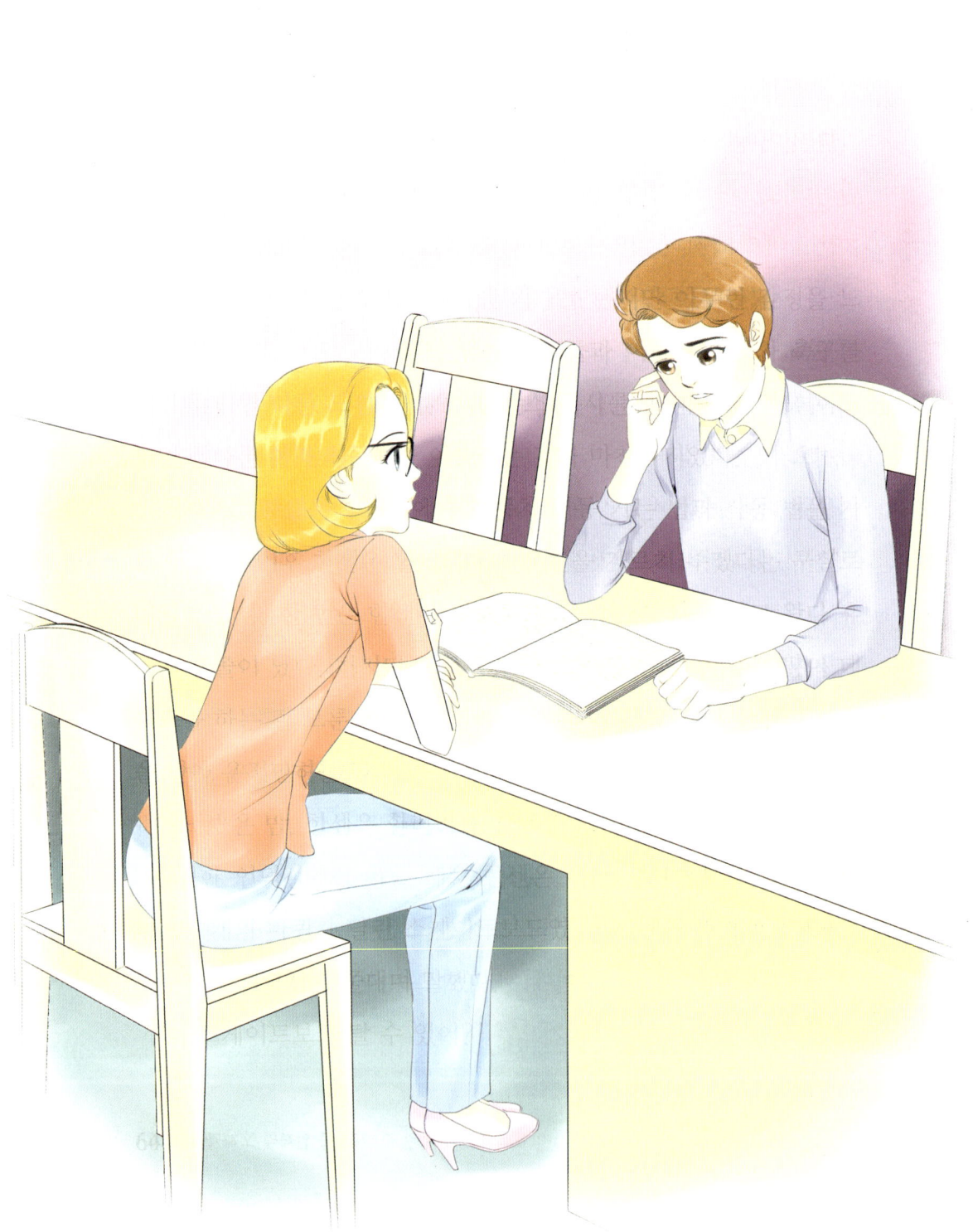

힐러리의 계속된 질문에 빌이 서서히 여유를 찾으며 농담으로 답했다.

"몇 년 됐어요."

빌이 시치미를 떼고 말하자 힐러리가 웃었다.

"그럼 처음에 어디에서 나를 봤는지 말해 봐요."

"웰즐리에서 졸업연설 하는 걸 봤어요."

힐러리는 웃는 얼굴로 농담을 했다.

"설마 웰즐리 여대 출신은 아니시죠?"

"그럼요. 〈라이프〉지에 나온 기사와 사진을 통해 봤어요."

힐러리는 고개를 끄덕였다. 빌은 〈라이프〉지에서 읽었던 힐러리에 관한 기사를 아직도 기억하고 있었다.

"인상 깊은 졸업 연설이었어요. 제 꿈도 정치개혁입니다."

"반갑네요. 법 전공하시나 봐요?"

"아뇨, 정치 쪽입니다."

힐러리가 진지한 얼굴로 사실을 털어놓듯 말했다.

"나도 이미 친구들한테 당신에 대해서 얘기 들은 게 있어요."

"뭐라고 하던가요? 장학생이라는 거 들으셨어요?"

사실 빌은 로즈 장학생으로 영국 옥스퍼드 대학에 유학을 갔다 왔다. 우쭐거리며 웃고 있는 빌에게 힐러리가 쌀쌀하게 웃으며 대답했다.

"바람둥이라고 들었어요."

"맞아요."

쉽게 웃는 얼굴로 대답했던 빌이 이번에는 진지한 얼굴로 힐러리에게 말했다.

"하지만 이젠 아닙니다. 힐러리 당신을 만났으니 말입니다."

"그건 두고 봐야겠지요."

힐러리는 책을 챙겨들고 자리에서 일어섰다.

"저는 수업이 있어 먼저 가봐야겠네요."

"그럼 나중에 또 뵙겠습니다."

빌은 자리를 뜨는 힐러리에게 손을 흔들었다. 빌은 힐러리에 비해 자주 수업을 빠졌지만 성적은 상위권이었다. 음악과 그림 같은 예술에 취미를 갖고 있었던 빌은 수업보다는 정치와 학생회 활동에 더 관심이 컸다.

힐러리와 빌이 학교 안에서 정식으로 첫 번째 데이트를 하는 날이었다.

교정을 걷던 힐러리는 벽보에 붙어 있는 전시회 포스터를 봤다. 우주선 아폴로호가 달에 착륙하는 사진과 함께 교내 '우주 사진전'을 알리는 포스터였다. 힐러리는 어린 시절 우주 비행사에 지원했다 떨어진 기억이 났다.

"아, 이거 보고 싶어."

빌은 힐러리가 우주인 모집에 신청했다 떨어진 적이 있다는 이야기를 들려주자 웃음을 터뜨렸다.

"오늘까지 전시회를 하네요. 지금 보러 갈까요?"

힐러리와 빌은 사진 전시회가 열리는 예일 대학 안에 있는 캠퍼스 박물관을 찾아갔다. 하지만 두 사람 앞을 뚱뚱한 경비원이 가로 막았다.

"문 닫을 시간이라, 오늘 관람은 끝났습니다."

힐러리가 발을 동동 굴리며 빌에게 말했다.

"보고 싶었는데 아쉽네요."

"마지막 전시회 날이라 오늘 못 보면 끝이군요."

빌은 경비 앞으로 다가가 사정하듯 말했다.

"제 친구가 꼭 보고 싶어 했던 전시회인데 아저씨 좀 어떻게 안 될까요?"

"관람 시간이 끝났어. 미안하네."

경비원에게 다가갔던 빌이 힐러리에게 다시 돌아왔다.

"꼭 보고 싶어요?"

"그렇긴 한데 문 닫을 시간이라잖아요."

빌이 자신만만한 얼굴로 손가락을 흔들며 말했다.

"나한테 맡겨줘요."

빌은 다시 한 번 경비원에게 다가갔다. 키가 큰 빌은 한 팔로 경비원의 어깨를 두르고서는 뒤돌아서서 뭔가 얘기를 했다. 두 사람은 한동안 수군거렸다. 잠시 후, 빌이 웃는 얼굴로 힐러리를 돌아보며 손짓을 했다.

"어서 빨리 들어가요."

힐러리의 두 눈이 동그랗게 떠졌다.

"대체 어떻게 한 거예요?"

경비원이 앞장서서 조금 전까지 닫혀 있던 박물관의 문을 활짝 열어줬다. 힐러리는 믿기지 않는다는 얼굴로 앞장서서 들어가는 빌의 귀에 대고 조용히 말했다.

"뇌물이라도 준거에요? 그렇다면 실망인데."

박물관으로 들어선 빌은 힐러리를 돌아보며 말했다.

"전시회가 끝나면 아저씨는 곧장 퇴근을 하는지 물어봤어요."

"그런데요?"

"박물관 안을 정리하고 간다고 하더군요."

"그래서요?"

"제가 청소를 도와주겠다고 했지요."

빌은 청소 도구를 들고 들어오는 경비원을 향해 손을 흔들었다.

"그동안 사진을 감상하세요. 불은 청소가 다 끝난 다음에 끈대요."

힐러리는 빌의 능력에 놀랐다.

"빌, 정말 재주가 좋네요."

빌은 어깨를 으쓱거리며 말했다.

"다른 재주도 많아요. 이건 시작에 불과해요."

빌이 경비원과 함께 청소를 하는 동안 힐러리는 사진을 조용히 감상할 수 있었다. 힐러리는 열심히 바닥을 닦는 빌을 바라보며 웃음

을 지었다.

 이후 빌과 힐러리는 강의실이나 도서관에서는 늘 나란히 앉았다. 식사를 하러 가거나 운동을 할 때도 매일 붙어 다니며 함께 했다. 이렇게 해서 힐러리와 빌은 얼마 지나지 않아 예일 대학교에서 유명한 커플이 되었다.

 힐러리는 대학원에서 아이들과 관련된 법 지식을 공부했다. 열심히 공부를 한 힐러리는 변호사 시험에도 합격을 했다. 힐러리는 어린 아동들이 법적인 보호를 받지 못하는 현실을 고치려고 아동관련 법률지원팀에서 일했다. 예일-뉴헤이븐 병원에서는 학대아를 다루는 방법에 관한 안내서를 내기도 했다. 그리고 뉴헤이븐 법률 사무국에서는 양부모 자녀의 실태를 연구했다. 실력을 인정받은 힐러리가 졸업을 앞두자 수많은 민간법률회사에서 데려가려고 했다.

 눈이 내리는 카페 창가에 힐러리와 빌은 마주보고 앉아서 커피를 마셨다. 이때 힐러리는 빌보다 1년 먼저 입학해서 1972년 졸업을 앞두고 있었다. 빌은 안타까운 얼굴로 힐러리에게 말했다.

 "이제 학교를 떠나면 자주 만나기 힘들겠지요?"

 빌은 옥스퍼드 대학교에 유학을 다녀오는 바람에 힐러리보다 졸업이 1년 늦었다. 걱정하는 빌에게 힐러리가 장난스런 웃음을 보이며 대답했다.

 "떠나긴 누가 떠나요?"

"이번에 대학원을 졸업하잖아요?"

힐러리가 웃으면서 대답했다.

"당신과 헤어지기 싫어서 학교를 1년 더 다닐 생각이에요."

믿을 수 없다는 듯 빌의 두 눈이 휘둥그레 커졌다.

"농담하지 말아요."

힐러리가 진지한 얼굴로 대답했다.

"정말이에요. 일단 학위는 받고 졸업은 미룰 생각이에요."

"그래도 괜찮겠소?"

"내년에 나랑 같이 졸업해요. 제가 기다려 줄게요."

빌은 힐러리의 말이 진심임을 알고는 감동했다.

"고마워요, 힐러리."

보통 예일 대학교 법과 대학원은 3년 과정이었다. 하지만 힐러리는 빌과 함께 학교를 다니기 위해서 1년을 더 공부해 4년을 채웠다.

어느 날, 벤치에 나란히 앉아 있던 힐러리가 빌에게 말했다.

"빌은 어느 정당을 지지해요?"

"민주당이요. 제가 이래봬도 케네디 대통령이랑 악수를 한 적도 있어요."

고등학교 때 클린턴은 아칸소 주 학생 대표로 뽑혀 케네디 대통령을 만나기도 했다. 이로 인해 빌은 정치에 관심을 갖게 되었다. 우쭐되는 빌에게 힐러리도 자랑처럼 말했다.

"난 고등학교 때 킹 목사님이랑 악수한 적 있어요."

"와, 그 대단한 손 좀 잡아볼게요."

빌은 힐러리의 한 손을 두 손으로 받쳐 쥐며 악수를 했다.

"이러고 보니 케네디 대통령이랑 킹 목사님이 악수를 한 거나 마찬가지네."

빌의 농담에 힐러리가 웃음을 지으며 말했다.

"이번 선거에 민주당 선거운동원으로 함께 일해 볼래요?"

"좋아요."

1972년 늦여름, 힐러리와 빌은 민주당 상원의원 조지 맥거번의 대통령 선거를 돕기 위해 텍사스로 갔다. 힐러리는 남미에서 이민 온 유권자들을 등록시키는 일을 했다. 빌 역시 맥거번의 선거 유세를 도왔다. 하지만 11월 선거에서 맥거번은 공화당 후보인 리처드 닉슨에게 패하고 말았다. 힐러리와 빌은 실망했지만 서로를 위로했다.

"할 수 없지요. 선거란 게 늘 이길 수는 없잖아요."

"그래도 함께 일을 할 수 있어서 좋았어요."

선거 과정을 지켜본 빌은 자신의 정치개혁의 꿈을 구체화 시켰다. 빌은 졸업 후 자신의 고향인 아칸소로 돌아가 그곳을 기반으로 정치인이 될 계획을 세웠다.

1973년, 힐러리와 빌은 대학원 공부를 모두 마치고 졸업을 했다. 졸업식장에서 힐러리와 빌은 학사모를 하늘 높이 던지며 서로의 졸

업을 축하했다. 힐러리가 1년 미루고 함께한 졸업이라 더욱 뜻깊었다. 빌은 힐러리와 포옹을 나눈 후 말했다.

"우리 둘 만의 졸업여행을 떠납시다."

"좋아요, 어디로 갈까요?"

"내가 잘 아는 영국으로 가지요."

빌은 옥스퍼드 대학을 나와서 영국에서 생활한 경험이 있었다. 힐러리는 빌의 안내를 받아 영국으로 향했다.

힐러리와 빌은 런던의 명물인 2층 버스를 타고 시내를 관광했다. 런던타워 브리지도 가보고 웅장한 웨스트민스터 대성당도 돌아봤다. 그러나 힐러리가 영국에서 가장 좋아했던 장소는 북서부의 호수국립공원에 갔을 때였다.

"와, 정말 대단해요!"

호수국립공원은 열여섯 개의 호수로 이루어진 거대한 호수공원이었다. 호수 하나, 하나가 웬만한 산보다 더 크고 웅장했다. 힐러리는 새로운 호수를 볼 때마다 탄성을 질렀다.

"아름다워요. 정말 그림이 따로 없네요."

호수와 푸른 들이 펼쳐진 가운데 양떼들이 한가로이 풀을 뜯고 있었다. 노을이 진 호숫가의 돌담장을 따라 두 사람은 걸어갔다. 빌과 힐러리는 호수 전경이 바라보이는 돌다리 위에서 걸음을 멈춰 섰다. 돌다리 난간에 두 팔을 기댄 빌이 말했다.

"옥스퍼드 대학에 다닐 때 여길 와봤는데 좋더라고요."

경치에 취한 힐러리가 활짝 웃으며 말했다.

"너무 아름답고 황홀해요. 이곳에 데려와줘서 고마워요."

"로즈 장학금이 아니었다면 난 영국에 오지도 못 했을 거예요."

영국 옥스퍼드 대학에서 주는 로즈 장학금은 미국에서도 뛰어난 수재 32명만 받을 수 있는 특별한 장학금이었다.

노을 진 호수를 바라보면서 빌이 심각한 얼굴로 말했다.

"우리 집은 가난했어요. 친아버지는 내가 태어나기 석 달 전에 교통사고로 돌아가셨고요."

"그게 정말이에요? 전 당신이 귀하게 자란 부잣집 아들인 줄 알았어요."

힐러리는 늘 구김살 없고 귀공자 스타일인 빌이 부족함을 모르고 살아온 줄로 알고 있었는데 전혀 그게 아니었다. 빌은 자신이 살아온 날을 고백하듯 말했다.

"어렸을 때 어머니는 나를 할머니에게 맡기고 간호사 일을 나가셨어요."

"빌, 많이 외로웠겠어요."

"술주정뱅이 양아버지는 술만 마시면 어머니와 저를 때리곤 했지요."

"오, 저런. 가여운 빌."

힐러리는 빌을 뒤에서 꼭 껴안았다.

도박꾼 출신에 알코올 중독자였던 양아버지는 몇 해 전 세상을 떠났다고 빌은 씁쓸하게 말했다.

"어머니를 지키기 위해서 난 이를 악물고 열심히 공부했어요."

힐러리는 빌의 머리를 품에 안으며 어루만져 줬다.

"어머니께서도 빌을 자랑스러워하실 거예요."

힐러리와 포옹을 나누던 빌은 팔을 풀면서 진지한 얼굴로 말했다.

"이제 미국으로 돌아가면 고향 아칸소로 내려갈 생각이에요."

빌은 굳은 각오를 한 듯 말했다.

"그곳에서 주지사가 되어 고향을 위해 일할 계획입니다."

빌은 점퍼 안쪽 주머니에서 네모난 상자를 꺼냈다. 그리고 뚜껑을 열어 힐러리 앞으로 내밀었다.

"이건?"

상자 안에는 붉은빛으로 반짝이는 커다란 루비 반지가 놓여 있었다.

"힐러리, 나랑 같이 고향으로 내려가서 평생을 같이 해줬으면 해요."

빌은 반지를 꺼내 힐러리 앞으로 내밀며 한쪽 무릎을 꿇었다.

"당신을 사랑해요."

"오, 빌. 고마워요. 저도 당신을 사랑해요."

힐러리는 눈물을 흘리며 감격해했다. 그러나 빌이 내민 반지를 받지는 않았다. 그저 고개를 저으며 힐러리가 말했다.

"하지만 너무 갑작스런 일이라 당황스러워요."

순간 빌의 눈가에 실망이 어렸다. 힐러리는 빌의 한 손을 잡으며 위로했다.

"솔직히 저는 당신을 따라갈 만큼 마음의 준비가 되어 있지 않아요."

힐러리는 빌을 사랑했지만 아직 평생을 약속할 확신은 없었다. 빌은 함께 고향으로 돌아가길 원했지만 힐러리의 생각은 달랐다.

"전 북부 도시로 가서 변호사가 될 계획이에요."

빌은 힐러리가 쉽게 자신의 계획을 바꾸지 않을 거라는 것을 알고 있었다.

"당신이 얼마나 뛰어난 사람인지 알기에 붙잡을 수 없군요."

"미안해요. 저에게 생각할 시간을 좀 더 주세요."

"아칸소에서 당신을 기다리겠소."

힐러리는 일과 사랑 중에 어떤 것을 선택해야 할지 결정하지 못 했다. 하지만 지금 당장은 계획했던 일들을 해야만 했다. 이렇게 해서 영국에서 미국으로 돌아온 힐러리와 빌은 떨어져 지내게 되었다.

빌은 곧장 고향 아칸소 주로 내려갔다. 페이트빌 법과대학원에서 교수로 강의하면서 하원의원 선거를 준비했다.

힐러리는 매사추세츠 주, 캠브리지의 아동보호기금에서 변호사로 일했다. 아동보호기금은 매리언 라이트 에덜먼이 아동보호와 사회복지를 위해 전국적으로 설립한 큰 회사였다. 에덜먼은 미시시피 주 최초의 흑인 여성 변호사로 미국에서 유명한 인권 변호사였다. 힐러리는 에덜먼 밑에서 1년 반이 넘게 변호사로 활약했다.

변호사 사무실 안, 푹신한 의자에 앉은 힐러리는 양쪽 귀에 수화기

를 대고 정신없이 통화 중이었다.

"잠깐, 빌."

힐러리는 한쪽 수화기를 턱에 괴고 다른 쪽 수화기로 통화했다.

"네, 그곳에서 아동들을 보호해 줄 수 있습니다. 그쪽으로 연락해 보세요."

한쪽 전화를 끊은 힐러리는 어깨에 괴었던 수화기를 귓가로 옮겨 갔다.

"빌, 잘 지내고 있지? 나도 보고 싶어."

힐러리와 빌은 서로 1,600킬로미터 떨어진 거리에서도 여전히 편지와 전화로 연락을 주고 받았다.

"추수 감사절 때 오면 보자."

이때 에덜먼 변호사가 노크와 함께 안으로 들어왔다. 힐러리는 급히 빌과의 대화를 마무리했다.

"빌 끊어야겠어. 다음에 또 전화하자."

에덜먼은 웃음을 지으면서 힐러리에게 손을 내밀었다.

"힐러리, 그동안 고마웠어요."

고개를 숙이며 힐러리는 에덜먼과 악수를 나눴다.

"저야말로 선생님 덕분에 많은 걸 배웠어요."

힐러리는 그동안 에덜먼 변호사 밑에서 일하면서 많은 것을 배웠다. 특히 에덜먼은 작지만 강력한 조직을 만들어 커다란 단체의 규모로 성장시키는 데 탁월한 능력을 갖고 있었다. 힐러리는 에덜먼을

통해 가족과 같은 동료 의식을 가져야 제대로 된 조직을 만들 수 있다는 사실을 알았다.

"힐러리, 앞으로 워싱턴에서 일을 하기로 했다면서요."

"네."

힐러리는 매사추세츠 주의 아동보호기금을 떠나 워싱턴의 사법위원회에서 일을 하게 됐다.

"떠나게 돼 아쉽지만, 이번 기회에 많이 배우고 좋은 경력을 쌓길 바라요."

"변호사님, 고맙습니다."

1974년 1월, 힐러리는 워싱턴으로 이사를 갔다. 처음에는 특별검사 존 도아르 밑에서 워터게이트 사건에 관련된 자료를 모으는 잡무를 봤다. 자료 조사를 하면서 힐러리는 워터게이트 사건의 전모를 알 수 있었다.

워터게이트 사건의 시작은 1972년 6월 미국 대통령 선거를 앞두고 일어났다. 닉슨 대통령의 측근이 워싱턴의 워터게이트 빌딩에 있는 민주당 본부에 몰래 숨어 들어가 도청을 하려 했던 사건이다. 이는 도청 장치를 통해 상대편 민주당 후보를 감시하여 닉슨의 재선을 돕기 위해서였다. 이런 사실은 1년 뒤에 알려져, 1973년 말 사법부는 닉슨 대통령을 조사하기 위한 워터게이트 사건 조사 위원회를 설치했다.

처음에는 잡무를 보던 힐러리는 자세한 사건 조사를 바탕으로 절

차 규정에 관한 첫 번째 보고서를 작성했다. 이 보고서를 본 존 검사는 깜짝 놀랐다.

"자료 조사가 아니라 정확한 보고서를 작성했군."

존 검사는 힐러리의 탁월한 일솜씨를 인정했다.

"힐러리는 다음부터 사법위원회 회의에 함께 참석해서 직접 보고하도록 해요."

"네, 알겠습니다."

이렇게 바쁜 와중에도 힐러리는 밤마다 빌과 전화 통화를 했다. 한 달에 지불하는 전화비만 해도 어마어마했다.

"빌, 저도 당신이 보고 싶어요."

빌과 떨어져 지내면서 힐러리는 일 속에 파묻혔지만 빌을 잊을 수는 없었다. 바쁘면 바쁠수록 빌이 더 보고 싶어졌다. 힐러리는 자신이 빌을 얼마나 사랑하는지 더욱 깨닫게 되었다. 추수 감사절에는 빌이 힐러리를 찾아왔고, 크리스마스에는 힐러리가 빌을 만나러갔다.

한편, 워터게이트 조사위원회에서 힐러리의 활약은 시간이 갈수록 더해졌다. 가장 나이도 어리고 경험도 없었지만 힐러리는 어느새 조사위원회에서 빠질 수 없는 인물이 되었다.

"문제는 도청이 아니라 닉슨 대통령이 거짓말을 했다는 것입니다."

조사위원회에서 힐러리는 힘을 주어 자신의 의견을 밝혔다.

"닉슨은 나중에 보고를 받고도 자신은 모르는 일이라고 발뺌했습니다."

힐러리는 계속해서 닉슨의 죄를 물을 수 있는 탄핵 증거를 찾았다.

"하지만 이건 거짓말입니다. 대통령이 거짓말을 했다면 위법을 저지른 것이고 이는 탄핵감입니다."

힐러리는 닉슨 대통령이 권력남용과 재판방해, 의회 경시의 태도를 보였다고 보고 했다. 보고서의 내용이 언론에 알려지면서 대통령에 대한 국민들의 비판도 거세졌다. 그러던 어느 날, 갑자기 닉슨 대통령이 기자회견을 자청했다.

"워터게이트 사건의 책임을 지고 제가 대통령직에서 물러나겠습니다."

1974년 8월 8일 닉슨은 대통령직에서 물러났다. 미국 역사상 최초로 임기 중 대통령이 사임한 것이다. 닉슨이 자진해서 사임하자 존 검사는 조사위원회의 해산을 명했다.

"이로써 워터게이트 사건의 조사위원회도 임무를 마치기로 하겠습니다. 모두 수고하셨습니다."

닉슨 사퇴 후 워싱턴에서 하던 일이 갑자기 끝나자 힐러리는 새로운 일을 찾아야 했다. 조사위원회에서의 뛰어난 활약으로 인해 힐러리의 주가는 더욱 올라가 있었다. 워싱턴, 뉴욕, 시카고 등 대도시의 일류 법률 회사에서 힐러리에게 손을 내밀었다. 어떤 법률 회사는 힐러리를 입사 시키려고 대학 친구까지 이용했다.

어느 날, 힐러리의 가까운 대학 친구였던 사라가 찾아왔다. 사라는 자신이 다니는 일류 법률 회사에서 힐러리를 변호사로 고용하고 싶다는 뜻을 전했다.

"월급도 네가 원하는 만큼 주겠대. 이보다 더 좋은 조건은 없을 거야."

"미안해. 난 아칸소 주의 페이트빌로 갈 거야."

힐러리의 대답에 사라는 잠시 멍한 얼굴로 바라봤다.

"뭐라고? 그 시골에 가서 뭘 할 건데?"

아칸소 주는 뉴욕의 사분의 일도 안 되는 보잘 것 없는 변두리 지방이었다.

"아직 몰라. 빌이 일거리를 찾아줄 거야."

"힐러리 넌 미쳤어. 네 앞에는 지금 엄청난 보수와 밝은 미래가 기다리고 있다고!"

사라는 자신의 가슴을 진정시키며 답답하다는 듯 또 말했다.

"이해할 수가 없네. 여기 있으면 넌 빌보다 10배는 월급을 더 받을 거야."

사라 뿐만이 아니었다. 힐러리의 친구들은 모두들 아칸소로 떠나려는 힐러리를 말렸다.

믿음과 소망과 사랑 중에 그 중에 제일은 사랑이네 113

"왜 앞날을 망치려는 거야?"

마침내 힐러리가 친구들에게 말했다.

"나는 빌을 사랑해. 그처럼 매력적인 남자를 다시는 만날 수 없어."

힐러리는 빌과 떨어져 지내면서 자신이 얼마나 빌을 사랑하는지 알게 되었다. 또 일과 사랑, 두 가지를 놓고 일을 선택했었던 지난 2년간의 생활을 후회했다.

"지금부턴 일과 사랑을 동시에 다 내 것으로 만들겠어."

힐러리가 아칸소로 떠나겠다고 하자 가족들도 만류했다. 아빠 휴는 힐러리가 과연 시골 아칸소에서의 생활을 잘 버텨낼 수 있을까 걱정했다. 엄마 도로시는 힐러리가 빌 때문에 자신의 미래를 포기하는 것 같아 염려됐다. 동생들까지도 힐러리와 멀리 떨어지는 걸 싫어했다.

아칸소로 떠나기 전에 힐러리는 빌에게 전화를 했다.

"거기 일자리 좀 알아봐줄 수 있어요?"

마침내 힐러리가 아칸소로 온다는 소식에 빌은 뛸 듯이 기뻐했다.

"물론이지요. 마침 교수 자리가 하나 비어 있네요."

"미안한데, 머무를 수 있는 집도 하나 알아봐 주세요."

"힐러리, 아무 걱정하지 말고 빨리 와요."

빌은 힐러리가 온다는 소식에 가슴이 떨렸다. 빌은 자신이 가르치고 있는 아칸소 대학교에 힐러리를 교수로 추천했다. 힐러리는 법과대학원에서 형법을 가르치기로 했다.

힐러리는 친구들과 가족들의 만류에도 불구하고 아칸소로 향하는 고속버스를 탔다. 배웅을 나온 도로시는 먼 길을 떠나는 딸에게 한 가지 당부를 했다.

"아칸소에서 빌에게 모든 것을 기대지 말고 독립적으로 살아라."

"네, 알겠어요."

도로시는 힐러리에게 끝까지 자신만의 꿈과 야망을 포기하지 말라는 당부를 했다. 힐러리 역시 그 뜻을 잘 알고 있었다.

아칸소로 향하는 고속버스 안에서 밖을 내다보며 힐러리는 생각했다.

'나는 빌에게 내 인생을 맡기러 가는 게 아니야.'

차창에 비친 힐러리의 얼굴은 행복하면서 결의에 차 있었다.

'미래를 같이 할 가치 있는 남자를 내가 선택해서 가는 길이야.'

1974년 8월 아칸소 주, 오자크 산지에 있는 페이트빌의 작은 마을에 힐러리가 도착했다. 빌은 힐러리의 가방을 들어주었다. 가파른 언덕길 너머로 아름다운 빅토리아풍의 작은 2층집이 보였다. 힐러리가 앞으로 혼자 살 집이었다.

아칸소에서 시작하다

1975년, 힐러리가 아칸소의 페이트빌에서 생활한 지 1년 쯤 된 여름날이었다.

빌은 힐러리를 빨간 벽돌집 앞으로 데려갔다. 그 집은 힐러리가 평소에 예쁘다며 살고 싶어 했던 집이었다. 빌은 벽돌집의 정원으로 성큼성큼 들어갔다.

"빌, 남의 집에 왜 들어가는 거예요?"

"묻지말고 이리 따라와 봐요."

"무슨 일이예요?"

빌은 대문 옆에 서 있는 우편함 앞으로 힐러리를 이끌었다. 그리고는 두 손으로 힐러리의 뒤에서 두 눈을 가렸다.

"우편함에 손을 넣어 봐요."

"무슨 장난을 치려고 이러는 거예요."

힐러리는 두 눈이 가려진 채 손을 우편함에 넣고 더듬었다. 손에 봉투가 잡혔다. 빌이 두 눈을 가렸던 손을 풀어주자, 힐러리는 봉투를 열어보았다.

"당신 거예요."

봉투 안에는 벽돌집의 열쇠가 들어 있었다.

"빌, 이거 열쇠잖아요."

"둘이 따로 사는 건 낭비예요. 이제 우리 같이 한 집에서 삽시다."

힐러리는 열쇠를 바라보며 행복한 표정을 지었다. 그새 빌은 감춰 놨던 루비 반지를 힐러리 앞으로 내밀었다.

"이제 나랑 결혼해줘요"

힐러리는 주저하지 않고 빌에게 넷째 손가락을 내밀며 말했다.

"기다리고 있었어요."

빌은 힐러리의 손가락에 반지를 끼어주고는 포옹과 함께 키스를 했다.

"빨리 아칸소에서 가장 큰 결혼식장을 예약해서 식을 치르죠."

빌이 말하자 힐러리가 고개를 가로저으며 대답했다.

"결혼식장은 필요 없어요."

"필요 없다니 그게 무슨 뜻이오?"

힐러리는 빌을 다시 안으며 말했다.

"빌, 당신만 있다면 나에겐 아무것도 필요 없어요."

실제로 힐러리는 사치스럽고 화려한 결혼식보다 소박하고 조용한 결혼식을 원했다. 여기에는 정치인인 빌에게 부담을 주지 않으려는 배려심도 있었다. 빌은 기꺼이 힐러리의 뜻을 따랐다.

"좋아요. 당신이 하자는 데로 난 하겠소."

"그럼 결혼식은 그냥 이 집에서 하지요."

힐러리는 빌이 준 열쇠로 현관문을 열고 집 안으로 들어갔다.

10월에 빨간 벽돌집 앞마당에서 힐러리와 빌은 소박한 결혼식을 올렸다. 결혼식장에는 친한 친구와 가족들만 참석했다. 결혼식에 온 도로시와 휴는 드레스를 입은 딸을 보며 행복해했다.

검은 양복을 입은 빌과 흰 드레스를 입은 힐러리를 사이에 두고 목사가 성혼을 선언했다.

"두 사람의 성스러운 결혼이 이루어졌음을 선언합니다."

빵빵! 소리와 함께 친구들이 손에 든 폭죽을 터뜨렸고 색색의 색종이가 하늘을 날았다.

결혼식 후, 집안 거실에서 사람들이 음식을 먹으며 피로연을 열었다.

피로연에서 힐러리는 빌과 나란히 서서 사람들에게 말했다.

"결혼은 인생의 전환점입니다. 여자들은 남편의 아내가 되어 살겠다는 의미로 자신의 성을 버리고 남편의 성을 따르지요."

피로연의 모인 사람들은 다들 힐러리가 하는 말에 주목을 했다.

"하지만 저는 결혼 후에도 남편의 성을 따르지 않고 로댐이라는 성을 계속 쓰겠어요."

뜻밖의 선언에 잠시 실내가 술렁였다. 특히 빌의 엄마인 버지니아 켈리가 못 마땅해 하는 눈치였다.

"저에게 빌은 영원한 친구이자 동반자입니다. 그런 뜻에서 전 클린턴 이전의 로댐으로 남겠습니다."

며느리가 결혼 후에도 아들의 성을 쓰지 않겠다는 것은 당시 흔치 않은 일이었다. 보수적인 켈리는 며느리의 결정이 마음에 들지 않았지만 결혼식장이라 아무 말도 못했다.

"빌, 여기에 이의 없으시지요?"

"물론이요. 당신의 뜻이 내 뜻이오."

힐러리가 자신의 성을 고집한 것은 정치인의 아내가 아니라 본래 자기 자신으로 남겠다는 의지였다.

결혼식이 끝나자 힐러리와 빌은 집 앞에 주차되어 있던 캠핑카에 올랐다.

"신혼여행 잘 다녀와."

빌과 힐러리는 평범한 신혼여행 대신 가족들과 함께 하는 특별한 계획을 짰다. 힐러리의 부모님인 휴와 도로시, 두 남동생과 함께 열흘 동안 멕시코의 아카풀코로 여행을 떠나기로 했다. 신혼여행 겸 가족여행이 되는 셈이었다. 빌의 어머니 켈리는 건강상의 이유로 여행에 함께 가지 못했다. 캠핑카에 오른 막내 토니가 힐러리에게 말했다.

"와, 누나! 신혼여행을 여섯 명이서 함께 가네."

힐러리는 운전석에 앉은 빌에게 고마움을 표했다.

"고마워요. 둘만의 신혼여행을 고집하지 않고 제 부탁을 들어줘서요."

"당신의 웃음이 나의 행복이지."

처음 힐러리의 아칸소 행을 달갑지 않게 생각했던 휴와 도로시도 듬직한 빌이 마음에 들었다. 가정적이고 관대하고 힐러리가 말하는 건 모두 들어주는 성실한 남편으로 보였다. 휴는 빌을 찾아가 어깨를 두들겨 줬다.

"빌, 신혼여행에 초대해 줘서 고맙네."

"장인, 장모님. 저야말로 영광입니다."

모두들 박수를 쳐 주는 가운데 힐러리 가족은 멕시코를 향해 신혼여행을 떠났다. 두말할 것도 없이 빌과 힐러리에게는 행복한 신혼여행이었다. 휴의 가족 역시 힐러리의 결혼을 계기로 온 가족이 다 함께 뭉칠 수 있는 뜻깊은 자리였다.

힐러리 부부는 페이트빌의 벽돌집에서 신혼생활을 시작한 이래 모든 일이 잘 풀렸다. 대학교수로 일하던 힐러리는 1년 뒤 로즈 법률 사무소로 직장을 옮겨 변호사로 일했다. 그 무렵 빌은 아칸소 주에서 역대 가장 젊은 검찰 총장이 되었다. 시내에서 일하게 된 힐러리 부부는 조용한 마을인 페이트빌을 떠나 아칸소 주 수도인 리틀 록으로 이사했다.

1978년 빌 클린턴은 아칸소 주의 주지사 선거에 출마했다. 서글서글한 외모에 화려한 말솜씨를 갖춘 빌은 11월 선거에서 주지사로 당선되었다. 힐러리와 결혼한 지 5년 만이었고 그의 나이 서른세 살 때로 미국 역사상 가장 젊은 주지사였다.
　리틀 록 호텔 로비에서 열린 주지사 당선 환영식에는 많은 사람들이 모였다.
　"아칸소 주의 주지사님에 당선된 빌 클린턴을 소개합니다."
　짝짝짝 박수 소리와 함께 양복 차림의 빌이 연단에 섰다.
　"우선 저를 선택해 주신 많은 주민들에게 고맙다는 말씀을 먼저 드리겠습니다."
　보수적인 아칸소 주 사람들은 처음엔 대학원을 마치고 돌아온 빌을 이방인 취급했다. 출생지는 아칸소였지만 장발에 수염을 기른 히피

차림의 낯선 모습의 빌을 남부사람으로 여기지 않았다. 그러자 빌은 머리를 깎고 단정한 차림으로 주민들에게 다가갔다. 친근한 미소로 아칸소 주민들의 마음을 끌었다. 이제 빌의 새로운 별명은 청년 주지사였다.

"다음으로 저는 그 누구보다도 제 부인에게 이 영광을 돌리고 싶습니다."

빌의 연설에 사람들은 모두 웃음을 터뜨렸다.

"하하, 역시 빌은 가정적이고 애처가야."

빌은 자신의 옆에 서 있던 힐러리에게 눈짓을 했다.

"힐러리, 모두 당신 덕분이요."

이때 환영식에 참석한 노부인들 사이에서 볼멘소리가 튀어나왔다.

"그런데 옷차림이 저게 뭐야?"

빌 옆에 서 있는 힐러리의 옷차림을 지적하는 소리였다.

"그러게 말이야. 오늘 같은 공식적인 날에 스웨터에 바지 차림이라니……"

"심지어 화장도 안 했네. 남들 눈은 하나도 신경 안 쓰나 봐."

다들 주지사 부인이라면 비싼 가방이나 보석을 두르고 옷차림도 신경을 써야 한다고 생각했다. 설령 화려하지 못하다면 정숙하고 단정해야 한다고 여겼다.

"이건 우리 주민들을 무시하는 거야."

노부인들 사이에선 힐러리에 대한 험담이 계속 이어졌다.

"저 북부 여자는 심지어 남편 성도 따르지 않는다는군."

"어머나, 세상에! 그게 정말이야?"

"빌 엄마는 뭘 하고 있데요?"

"그래서 빌 엄마도 속상해한대요."

"저 드센 여자 때문에 우리 주가 앞으로 조용할 날이 없을 것 같네요."

보수적인 아칸소 주민들은 힐러리를 반가워하지 않았다. 앞에서는 웃는 얼굴로 대했지만 돌아서서는 흉을 봤다. 하지만 힐러리는 이런 분위기에 아랑곳하지 않았다. 더 나아가 힐러리는 남편인 빌이 아칸소 주지사가 되었지만 주지사 부인 역할에 만족하지 않았다.

힐러리는 아칸소 주의 여러 문제를 해결하는 한편 계속해서 로즈 법률회사에서 변호사로도 활발하게 일했다. 이제 빌 만큼이나 힐러리도 아칸소의 유명인사가 되었다.

"오늘은 제 인생에서 가장 기쁜 날입니다."

빵-빵-빵-빵!

도로 한 가운데에서 자동차를 운전하던 빌이 경적을 힘껏 눌렀다. 차들이 밀려 자동차들이 천천히 달리고 있었다. 지나가던 시민들과 다른 차의 운전사들이 미친 듯이 경적을 울리는 빌을 바라봤. 사람들은 한 눈에 운전사가 젊은 주지사 빌 클린턴임을 알아봤다.

"주지사님이 왜 저러시지? 제 정신이 아니신 모양이야."

빌이 차창 밖으로 환하게 웃는 얼굴로 소리쳤다.

"여러분 제 부인 힐러리가 딸을 낳았습니다."

힐러리의 출산 소식을 들은 빌은 기쁨을 가누지 못하고 병원으로 달려가는 중이었다.

"축하드려요, 주지사님."

다른 차의 운전수들도 함께 경적을 울리며 딸의 탄생을 축하해주었다.

빵빵빵빵!

빌이 병원에 도착했을 때 갓난아기 첼시는 힐러리의 품에서 새근거리며 자고 있었다. 1980년 2월 힐러리는 딸 첼시 클린턴을 낳았.

잠이 든 첼시를 안은 빌은 감격했다. 한참 동안 잠든 첼시의 손과 발을 어루만지다 내려놓았다. 빌은 침대에 누워있는 힐러리의 이마를 매만지며 말했다.

"이제 딸도 낳았으니 집에서 일 년 간 푹 쉬도록 해요."

힐러리는 임신 중에도 일을 그만두지 않았었다.

"아니에요. 제가 출근을 안 하면 회사가 안 돌아가요."

첼시를 낳은 얼마 후, 힐러리는 다시 일을 하러 출근을 했다.

"올 겨울은 제 인생에서 가장 추운 날입니다."

첼시가 태어났지만 한 가지 안 좋은 일이 생겼다. 임기가 끝난 빌 클린턴이 새로운 주지사 선거에 나섰다가 떨어지고 만 것이다. 힐러리는 빌을 도와 아칸소 주의 아동 보건 문제를 개혁하려 했지만 좋

은 평가를 받지 못했다. 많은 사람들의 지지를 받았지만 보수적인 지역민들로부터 빌은 같은 고향 사람으로 대우 받지 못했다.

재선에서 떨어진 빌은 지역 주민들을 찾아가 사과 인사를 했다.

"이번 주지사 선거에 떨어진 건 모두 제 잘못입니다."

"힘을 내게."

"기대에 부응하지 못해 죄송합니다."

빌은 아칸소 지역구의 여러 곳을 방문해 사람들에게 사과했다. 그러던 와중에 술집을 드나들기 시작했다.

"좀 마시고 슬픔을 잊게나."

"빌, 여기 와서도 술 한 잔 하세요."

술집에서 여자들과 어울리던 빌은 집에 늦게 들어오는 경우가 잦았다. 참다못한 힐러리가 아기를 어머니에게 맡기고 빌을 찾아 나섰다. 술집에서 빌은 여자들과 노닥거리며 술을 마시고 있었다.

"빌 여기서 뭐하는 거예요?"

"보는 그대로요. 술을 마시고 있잖소."

힐러리는 빌에게 실망했다.

"이런다고 결과가 바뀌지는 않아요."

빌은 힐러리의 시선을 피하면서 술을 들이켰다.

"어서 빨리 집으로 들어가요."

"싫소. 난 더 마셔야겠어."

힐러리의 재촉에도 빌은 일어서지 않았다. 힐러리는 점점 화가 났

다. 빌의 행동을 이해할 수가 없었다. 얼마 전 까지만 해도 지역을 대표하던 젊은 주지사가 술주정뱅이가 되어 아내와 실랑이를 벌이는 모습이 한심하기까지 했다.

'이렇게 살도록 놔둘 수 없어.'

화가 머리끝까지 난 힐러리는 빌을 잡아끌어서라도 데려갈 생각을 했다. 그 순간 옛날 철학자의 말이 떠올랐다.

'다른 사람을 나처럼 만들 생각을 하지 마라. 모든 불행은 거기서 시작된다.'

힐러리는 속으로 숨을 깊게 쉬었다.

'그래 빌은 내가 아니잖아. 빌은 승승장구하다 처음으로 큰 실패를 겪었어. 그를 이해해야 해.'

힐러리는 빌의 입장에서 생각해보려고 노력했다.

"할 말이 있으니 너무 취하지 말고 와요."

힐러리가 말하자 빌은 머쓱해졌다. 힐러리가 혼자 집으로 돌아가자 술이 더 이상 들어가지 않았다. 빌은 얼마 안 있어 자리에서 일어나 집으로 돌아왔다.

"당신은 앞으로 큰일을 할 사람이에요."

힐러리는 등을 보이고 침대에 누운 빌을 향해 말했다.

"이런 시련은 이겨내야 해요."

빌의 커다란 등은 움직이지 않았고 아무런 반응이 없었다.

"첼시를 보고 힘을 내세요."

부부 침대 맞은편에 놓인 아기 침대에는 첼시가 누워 자고 있었다.

"저도 변하겠어요. 우리가 왜 이번 선거에서 실패했는지 분석해 보겠어요."

들릴 듯 말 듯 힐러리가 조용하고 무거운 목소리로 말했다.

"미래의 대통령이 이렇게 술독에 빠져 있어선 안 돼요."

돌아누워서 눈을 감고 가만히 듣던 빌의 두 눈이 갑자기 크게 떠졌다. 잠시 후, 빌은 다시 눈을 감으며 생각했다.

'이제 그만 술을 마시겠소.'

2년 후, 1982년 아칸소 리틀 록 호텔 로비.

연단에 선 말쑥한 양복차림의 빌이 새로 뽑는 주지사 선거에 출마를 선언했다. 재도전하는 빌을 축하해주기 위하여 많은 사람들이 모였다. 수많은 정장 차림의 신사숙녀들이 술잔을 들고 빌의 연설을 지켜봤다.

"여러분, 다시 한 번 저에 대한 지지와 성원을 부탁드립니다."

빌의 연설이 끝나고 축배가 있었다.

"빌 클린턴을 위하여 다 같이 건배합시다!"

빌은 힐러리와 함께 주변을 돌면서 인사를 했다. 이날 모임에서는 주인공 빌보다도 힐러리가 사람들의 눈길을 더 끌었다. 빌 옆에 서 있는 힐러리를 바라보며 중년 여성들이 수군거렸다.

"어머, 지금 빌 옆에 서 있는 여자가 부인인 힐러리가 맞아요?"

"맞는데, 못 알아 볼 정도로 바뀌었네."

대중들에게 다가가기 위해 힐러리는 외모를 바꿨다. 우선 이전에 쓰던 두꺼운 안경을 버리고 콘택트렌즈를 착용했다.

"훨씬 보기 좋아졌네요."

남 신경 안 쓰고 편한 민낯으로 다녔던 힐러리는 화장도 예쁘게 했다. 립스틱과 아이섀도도 바르고 하얗게 파우더도 발랐다. 어느새 중년 여성들은 힐러리에게 다가가 말을 걸고 있었다.

"어머, 단정하니 정말 예뻐보여요."

힐러리는 이전의 부스스한 머리 스타일도 세련되게 바꾸었다. 금발 색을 더욱 살렸고 머리도 깔끔하게 단발로 잘랐다. 편한 청바지 대신 점잖은 정장치마를 입은 힐러리가 말없이 웃자 아줌마들의 수다는 끊일 줄 몰랐다.

"머리는 어디서 하셨어요?"

"힐러리 로뎀씨, 과연 주지사 사모님다

운 패션이시네요."

부인들 틈에 싸여서 화제의 중심이 된 힐러리가 조용히 말했다.

"이제부터는 힐러리 클린턴이라고 불러주세요."

힐러리는 생각을 바꿨다. 더 이상 결혼 전의 성을 고집하지 않고 남편의 성인 클린턴을 따라서 쓰기로 했다. 힐러리 로뎀은 힐러리 클린턴이 되어 남편을 적극적으로 돕기로 했다.

"잘 생각했어요. 이곳 남부에선 남편 성을 안 따르면 막돼먹은 여자 취급해요."

한 부인이 수다를 떨다가 깜짝 놀라 자신의 입을 가렸다.

"어머나, 내가 주책없이 말했네."

힐러리가 웃으며 응대했다.

"아니에요. 진작 말씀해주시지 그랬어요."

"호호호, 그럴 걸 그랬나요."

힐러리가 클린턴의 성을 따라 쓰자 빌의 어머니 켈리 여사도 기뻐했다. 힐러리의 바뀐 모습에 아칸소 지역주민들, 특히나 나이든 여성들의 호응이 놀라울 정도로 바뀌었다.

출마 발표식 때부터 빌과 힐러리에게 호의적이었던 분위기는 선거기간 내내 이어졌다. 결국 빌 클린턴은 새로운 주지사로 뽑혔다.

빌 클린턴의 승리는 동시에 힐러리의 승리이기도 했다. 주지사로 임명된 빌은 힐러리가 관심을 갖고 있던 교육 부문에서 일할 기회를 주었다.

"힐러리를 아칸소 주 교육 위원회의 새 의장으로 임명합니다."

교육 위원회 의장으로 오른 힐러리는 먼저 여러 교사와 부모들을 만나 대화를 나눴다.

"저는 아칸소 주 교육의 질을 높이기 위해 노력하겠습니다."

힐러리는 교사들의 능력을 높이기 위해 교사도 시험을 치르게 했다.

"제 딸 첼시를 키우듯 아칸소의 자녀들이 좋은 환경에서 자랄 수 있도록 하겠습니다. 그러기 위해서는 교육 개혁이 필요합니다."

힐러리는 아칸소 주의 가난한 주민들의 미취학 자녀들에게 관심을 가졌다. 그래서 학교에 입학하기 전의 어린 아동을 위한 가정교육 프로그램을 만들었다. 이런 정책들은 아칸소 주민들의 큰 환영을 받았다. 학생들을 위주로 모든 교육활동이 바뀌어갔고 이런 교육개혁은 해마다 점점 인기가 높아갔다.

힐러리의 이런 큰 역할 덕분이었는지 빌 클린턴은 1984년, 1986년에 잇따라 재선에 성공하며 주지사로 당선되었다. 그 사이 딸 첼시는 초등학교를 졸업했다.

빌 클린턴이 연이어 주지사 직을 연임할 때, 힐러리는 딸 첼시를 키우면서 가정을 돌봤다. 동시에 교육 위원회 일도 훌륭히 수행했으며 로즈 법률사무소에서 변호사 일도 보았다. 그 와중에 봉사활동을 잊지 않았고 지역 주민들을 초청해 같이 식사를 하며 이야기를 들었다.

1991년 여름 아침, 침대에서 먼저 잠이 깬 힐러리는 옆에 누워 자고 있는 클린턴을 바라봤다. 빌이 주지사로 재당선 된 후 십여 년 가까운 시간이 흘렀다. 그동안 빌은 연이어 아칸소 주지사 직을 맡아 성공적으로 지역을 관리했다. 아칸소 주민들은 이제 빌을 존경했고 힐러리 역시 고향 주민으로 받아 들였다.

힐러리는 화장대의 거울 속의 비친 자신을 바라보았다. 이제 이마에 주름이 굵어졌고 눈가에 잔주름도 많아졌다. 벌써 나이가 마흔다섯 살이 되었다. 빌은 여전히 미남이었지만 요즘 들어 부쩍 흰머리가 많아졌다.

침대 옆으로 걸터앉은 힐러리가 이제 막 잠에서 깬 빌을 내려다봤다.

"당신 이제 큰일을 하셔야죠. 결심은 하셨나요?"

깍지 낀 손으로 뒷머리를 받친 빌이 고개를 끄덕이며 대답했다.

"내가 아니라 우리가 하려는 일이요. 당신도 각오는 되어 있지요?"

힐러리가 웃음과 함께 결의가 담긴 눈빛으로 말했다.

"그럼요. 이제 더 이상 당신이 대통령이 된다는 건 미래의 꿈이 아니에요."

대통령의 스캔들

1991년 10월 3일 리틀 록 호텔 안, 올드 스테이트 하우스 앞에 선 빌 클린턴은 감회가 남달랐다. 이곳에서 아칸소 주지사로 재출마를 선언한 이후 십여 년 만이었다. 그동안 주지사직을 연임했던 빌은 마침내 대통령 출마를 선언했다. 수많은 마이크와 카메라가 빌을 향했다.

"미국은 잘못 가고 있습니다. 범죄가 거리를 휩쓸고 가난이 가정을 덮치고 있습니다. 경제의 중심이 되어야 할 중산층이 몰락하고 있습니다."

연설하는 빌 옆에는 힐러리와 중학생인 첼시가 서 있었다.

"제가 대통령이 되면 더 많은 일자리를 만들고 경제를 발전시키겠습니다. 자녀들이 학교에 안심하고 다니게 만들겠습니다. 보건 제도를 개선해 국민이 건강한 나라를 만들겠습니다."

힐러리는 빌의 연설을 지켜보며 고개를 끄덕였다. 이번에도 힐러리는 로즈 법률회사에 휴가를 내고 남편을 도왔다. 빌의 선거 참모가 되어 연설문을 쓰고 선거를 지휘했다. 빌의 연설이 끝나자 힐러리는 박수를 쳤다.

1992년 선거에서 빌의 맞상대는 현직 공화당 출신 대통령인 조지 부시와 무소속 후보인 로스 페로였다. 이 선거에서 힐러리와 빌은 불경기에 관심을 갖고 경제 회복에 중점을 두었다. 힐러리는 빌의 선거 운동 본부의 캠페인 문구를 이렇게 정했다.

'문제는 경제야, 이 멍청아!'

이런 선거 전략은 불경기로 삶이 고달팠던 많은 미국인들의 지지를 받았다. 빌이 전국을 돌면서 선거운동을 하자 분위기는 더욱 뜨겁게 달아올랐다. 힐러리는 가장 중요한 선거 참모가 되어 빌을 그림자처럼 따랐다.

뉴햄프셔 시청광장에는 새로운 대통령 후보인 빌 클린턴의 선거유세를 보기 위해 많은 사람들이 모였다. 연단에 선 빌은 힘차게 연설을 했다.

"제가 대통령이 된다면 여러분은 한 명의 대통령을 더 얻게 될 겁니다."

연설을 듣던 사람들은 의아한 얼굴로 빌을 바라봤다. 빌은 웃는 얼굴로 연설을 계속했다.

"이것은 마트에서 한 개를 사면 한 개를 더 주는 거나 같습니다."

어리둥절한 얼굴로 바라보는 사람들을 향해 빌이 다시 한 번 말했다.

"그 보너스 대통령은 바로 제 아내 힐러리입니다."

하하하하! 사람들은 그제야 일제히 웃음을 터뜨렸다.

"사실 제가 아칸소 주지사로 일했을 때 저보다 더 열심히 일한 사람이 바로 제 부인 힐러리입니다."

빌은 자신이 대통령이 된다면 부인을 행정에 참여시킬 생각이었다. 빌에게 있어서 힐러리는 그냥 내조만 하는 부인이 아니라 함께 토론하고 활동하는 정치적 파트너였다.

빌이 연설을 끝내자 힐러리가 지지연설을 하고 나섰다.

"여러분, 제 남편을 대통령으로 선택하시면 저는 공짜입니다."

하하하하!

사람들이 웃는 가운데 힐러리는 지지연설을 성황리에 마쳤다. 이로써 '하나 사서, 하나는 공짜로 얻으세요.'라는 농담은 선거 운동에 새로운 표어가 되었다. 이후 민주당 지지자들은 '1+1'이라는 종이 푯말을 힐러리가 보일 때마다 흔들었다. 선거 날이 다가올수록 빌 클린턴의 인기는 높아만 갔다. 그의 지지율은 60%를 넘어섰다. 하지만 곧 위기가 찾아왔다.

3월, 시카고에서 한 기자가 힐러리에게 질문을 했다.

"아칸소에서 변호사로 일 하실 때 주 정부의 도움을 받지 않았나요?"

힐러리가 로즈 법률사무소에서 일할 때 주지사였던 빌이 영향력을

행사해 돕지 않았냐는 의심어린 질문이었다. 힐러리로써는 불쾌한 질문이었지만 단호하게 대답했다.

"저는 변호사 일로 남편의 도움을 받은 적이 없습니다."

힐러리는 자신의 지난 삶을 돌아보듯 말했다.

"저는 집에서 그냥 과자나 굽고 차나 만들면서 쉴 수도 있었어요."

기자는 취재를 했고 다른 기자는 힐러리의 모습을 카메라에 담았다.

"저는 남편을 돕기 이전부터 쭉 변호사로 성공적인 경력을 쌓아왔습니다."

카메라를 바라보며 힐러리는 자신이 하고 싶었던 말을 마지막에 했다.

"주지사였던 남편을 도우면서도 변호사 일에 충실했습니다. 그것은 가정에서도 마찬가지였습니다."

힐러리는 여성이 할 수 있는 일은 모두 지지한다고 덧붙였다. 집에서 아이를 보고 밖에서 일을 하는 것 모두 여성들에게는 중요한 일이라고 말했다. 하지만 그날 저녁 뉴스에는 유독 과자에 관해 말한 부분만 나왔다.

"저는 집에서 그냥 과자나 굽고 차나 만들면서 쉴 수도 있었어요."

뉴스에서는 힐러리가 전업주부를 낮춰보는 것처럼 비쳤다. 이런 힐러리의 말에 가정주부들은 발끈했다.

"뭐야? 주부는 과자나 굽고 논다는 거야?"

"누군 집에만 있고 싶어서 있는 줄 아나."

집에서 일하는 가정주부를 무시했다는 이유로 텔레비전을 보던 주부들의 비난이 쏟아졌다. 힐러리는 인터뷰의 앞뒤를 자르고 과자 부분만 방송한 방송국이 공평하지 못하다고 생각했다. 한편으로 자신이 경솔하게 말한 걸 후회했다.

'변명하지 말자. 어쨌든 이건 내가 실수한 게 맞아.'

힐러리는 자신의 실수를 인정하고 인터뷰를 자청했다.

"집에서 가정을 돌보는 한 사람으로서 해서는 안 될 말을 했습니다. 텔레비전을 보고 불쾌해 하신 모든 가정주부들에게 진심으로 사과드립니다."

변명 없는 진심어린 사과로 주부들의 반발은 수그러들었다. 힐러리는 말실수 사건으로 한 가지를 느꼈다. 그것은 바로 함부로 경솔하게 말을 해서는 안 된다는 거였다.

'이제부터는 농담 하나라도 신중하게 생각한 뒤에 말을 해야겠어.'

대통령 선거를 앞두고 힐러리는 말 한 마디, 행동 하나 하나에도 조심 했다.

마침내 1992년 11월 3일 대통령 선거 당일 날. 아칸소 리틀 록에 돌아온 빌과 힐러리는 투표를 마쳤다. 투표를 마친 힐러리와 빌은 딸 첼시와 함께 패스트푸드점에서 햄버거를 먹고 동네를 산책했다. 집으로 돌아온 힐러리 가족은 텔레비전으로 선거 결과를 시청했다.

"자, 이제 결과를 볼까요?"

미국의 각 주마다 민주당 빌 클린턴 후보의 승리를 알리는 소식이 속속 올라왔다. 저녁 10시, 마침내 부시 대통령은 선거에서 패배를 인정하는 인터뷰를 했다. 빌의 승리가 가까워지자 아칸소 주민들은 모두 길거리로 쏟아져 나왔다. 부통령 고어 부부 내외도 아칸소로 찾아왔다.

마침내 빌 클린턴은 공화당 조지 부시 후보를 물리치고 미국 대통령에 당선되었다.

리틀 록 주 의회 의사당 밖은 환호하는 군중으로 가득했다. 의사당 베란다에 모습을 드러낸 빌은 힐러리와 함께 서서 손을 흔들었다.

환호 소리를 들으며 클린턴 부부는 부통령 고어 부부와 함께 연단에 올랐다. 수천 명의 군중들이 소리를 지르며 손을 흔들었다. 전국에서 몰려든 기자들이 빌과 힐러리를 둘러쌌다.

"기쁜 마음으로 미합중국의 대통령직을 받아들이겠습니다."

빌은 대통령직 수락 연설을 짧게 끝마쳤다.

"국민 여러분 감사합니다."

환호하는 시민들에게 손을 흔들던 빌은 아내 힐러리를 힘껏 안았다. 시민들의 환호 소리는 더욱 커졌다. 선거 운동 공식 노래였던 플리트우드 맥의 〈내일을 생각하는 것을 멈추지 마세요〉가 의사당 앞 광장에 울려 퍼졌다. 모두가 함께 어울려 춤을 추었고 축포가 밤하늘을 수놓았다.

대통령에 당선된 빌은 가족과 함께 워싱턴의 백악관으로 이사를 했다. 힐러리는 미합중국의 영부인이 되었다. 열세 살인 딸 첼시도 워싱턴의 시드웰프렌즈 사립학교로 전학을 갔다. 공교육을 중시하던 힐러리가 딸을 사립학교에 보내자 기다렸다는 듯 언론은 비판했다. 하지만 첼시를 언론의 지나친 취재로부터 보호하기 위한 어쩔 수 없는 선택이었다.

대통령직을 수행하게 된 빌은 경제 살리기에 집중했다. 그리고 빌은 아동과 보건에 관심이 많던 힐러리에게 새로운 일을 제안했다.

"많은 미국인들이 진료비가 없어 병원에 못 가는 현실을 어떻게 생각하시오?"

"말도 안 된다고 생각해요."

미국 보건 관리 체계는 문제가 심각했다. 비싼 건강 보험료로 인해 사람들이 병원에 가는 걸 꺼려했다.

"당신이 그걸 바꿔보면 어떻겠소?"

"좋아요."

빌은 미국 보건관리 개혁 대책위원회 회장으로 힐러리를 임명했다.

다음 해, 클린턴은 힐러리에게 국민건강보험 개정을 맡겼다. 하지만 많은 이들이 영부인 힐러리가 나라의 정책 결정에 직접 참여하는 것을 못마땅해 했다.

1993년 4월 네브래스카 주의 링컨에서 힐러리가 연설을 할 때였다. 청중들이 국민건강 보험에 관해 연설하던 힐러리를 향해 여기저

기서 야유를 했다.

"당신은 대통령이 아니다. 우리는 당신을 뽑지 않았다."

"힐러리를 탄핵하라."

넓은 회의실 여기저기에서 '힐러리 대통령과 그녀의 남편 빌', '1+1을 거부한다'는 표지판을 흔들면서 분위기가 소란스러웠다. 힐러리가 반대자들을 향해 입을 열었다.

"국민건강보험 개혁은 누군가가 꼭 해야 할 일입니다."

힐러리가 목소리를 높여 큰 소리로 계속 말했다.

"저는 그 일을 월급을 받지 않고 할 겁니다."

힐러리가 무보수로 일할 것을 밝히자 실내는 조용해졌다.

"또한 장관직도 맡지 않을 것입니다. 저에겐 국민의 건강만이 관심사입니다."

힐러리의 진실성 어린 호소에 표지판을 들고 있던 손이 조금씩 아래로 내려갔다.

"그러니 저를 지지해 주십시오."

"옳소! 대단해요, 힐러리!"

민주당 지지자들은 힘을 내어 힐러리를 격려했고 박수를 쳤다. 반대자들의 항의도 누그러졌다.

"그 약속대로 한다면야, 우리도 지켜보겠소."

힐러리는 누구보다 열심히 일했다. 보건관리 개혁 대책위원회 의장직을 월급 없이 일했다. 또 클린턴 임기 내에 공식적인 직책을 받

지 않겠다는 약속도 지켰다. 그러자 그녀를 반대하던 많은 이들이 조용해졌다.

힐러리가 만든 건강보험 개혁안은 간단했다. 힐러리는 법률 내용을 국회에서 설명했다.

"새로운 건강보험은 모든 국민이 건강보험료를 내자는 것입니다. 또한 기업주가 노동자와 직장인들의 건강보험을 보장하자는 겁니다."

힐러리의 설명에 민주당은 물론 공화당 위원들까지 박수를 치면서 환영했다. 하지만 법을 고치는 일이었기에 시간이 오래 걸렸다. 힐러리는 많은 사람들을 만나 설득하고 절차를 밟아 가면서 사람들의 호응을 얻어 냈다. 하지만 결과는 좋지 않았다. 새로운 건강보험 개혁으로 손해를 입을 보험회사와 제약회사, 병원 관계자 같은 힘 있는 이익단체들이 앞장서서 반대를 했다. 이들의 강력한 반대로 힐러리는 상하원 의회에서 필요한 표를 얻지 못 했다. 결국 1994년 새로운 건강보험 개혁안은 국회에서 거부당했다.

"이로써 미국의 국민건강 정책은 더 이상 발전이 없을 것 입니다."

늘 자신만만했고 성공적으로 정책을 이끌었던 힐러리는 크게 실망했다. 힐러리는 보건 정책 실패 후 외국 지도자와 만나거나 잠시 쉬며 여행을 다녔다. 그러나 다행히 미국 경제는 살아나고 있었다. 빌의 효율적인 경제 정책으로 미국경제는 활기를 되찾고 있었고 실업률은 크게 떨어졌다. 미국이 다른 나라에 빚진 국채도 줄어들었다. 물가도 내려갔다. 이런 배경으로 빌 클린턴의 인기는 높아갔다.

시간이 좀 생기자 힐러리는 책을 한 권 쓰기 시작했다. 아프리카 속담에서 따온 책의 제목은 「아이 한 명을 기르려면 온 마을이 합심해야 한다」였다.

"가족 모두가 평안하고, 동네가 평화롭고, 활기찰 때 아이들은 잘 자랄 수 있습니다."

힐러리는 사회 전체가 아이들에게 필요한 것이 무엇인지 걱정하면서 고민해야 한다고 책에 썼다. 어린이들의 건강, 영양, 교육 등 아이들을 바르게 키우기 위해 필요한 것들을 찾았다. 또한 정부가 아이들과 부모들을 도울 수 있는 방법을 제시했다. 양육비 제공과 가족휴가가 그 대안이었다. 이 책은 '아이들이 우리에게 가르쳐 주는 또 다른 교훈들' 이라는 부제목을 달고 1996년에 출판됐다. 책은 베스트셀러가 되었다.

경제 사정이 좋아지자 빌 클린턴은 대통령으로 재임한 이래 미국에서 가장 존경받는 인물로 뽑히며 큰 인기를 누렸다. 이를 발판으로 빌은 또 한 번 대통령 선거에 나섰다.

1996년 대통령 선거에 다시 나선 빌 클린턴은 공화당 후보 밥 돌을 큰 차이로 따돌리고 다시 한 번 대통령에 당선됐다. 그 사이 고등학생이었던 딸 첼시 클린턴은 샌프란시스코 남부의 스탠퍼드 대학에 입학했다. 빌은 딸의 졸업식에 참석해 축사를 했다. 첼시가 대학교 기숙사 생활을 결정하고 백악관을 떠나자 빌은 아쉬워했다. 힐러

리는 외로워하는 빌에게 3개월 된 래브라도 강아지를 크리스마스 선물로 주었다. 빌은 강아지에게 버디라는 이름을 지어주고 좋아했다. 힐러리는 두 번째 영부인 생활을 시작했다. 힐러리는 이 모든 것에 만족했고 행복했다.

"이대로 성공적으로 빌이 대통령직을 마쳤으면 좋겠어."

1998년 1월 아침, 빌은 잠에서 깬 힐러리 앞으로 신문을 내밀었다. 매일 아침 발행되는 주요 일간지들이었다. 힐러리는 눈을 뜨자마자 빌이 신문을 가져다 주는 것에 의아한 생각이 들었다. 빌이 중요한 일을 털어놓듯 먼저 말했다.

"오늘 신문에 아주 나쁜 소식이 실렸소. 놀라지 말아요."

자리에서 일어난 힐러리가 신문을 펼쳐 보았다. 신문에는 대통령이 르윈스키라는 여성과 바람을 피웠다는 내용이 적혀져 있었다. 힐러리는 신문을 자세히 읽었다.

케네스 스타 특별검사는 빌 클린턴이 젊은 백악관 인턴사원인 모니카 르윈스키와 몰래 바람을 피웠다고 인터뷰를 했다. 그리고 르윈스키에게 이런 사실을 말하지 말라고 거짓말을 시켰다고 했다. 만약 이게 사실이라면 빌은 위증죄를 저질러 대통령직에서 물러나야 한다는 내용이었다. 신문을 읽는 힐러리의 손이 가늘게 떨렸다. 하지만 힐러리는 대수롭지 않다는 듯 말했다.

"이미 소문으로 들어서 알고 있던 내용이네요."

그제야 빌은 안도한 얼굴로 한숨을 쉬었다. 순간 힐러리가 눈빛을 번뜩이며 빌에게 물었다.

"근데 어디까지가 사실인가요? 솔직히 말해 봐요."

빌은 잠시 힐러리의 눈길을 피하다 입을 열었다.

"르윈스키라는 젊은 인턴사원은 알지만 바람을 피운 적은 없소."

힐러리가 고개를 끄덕이며 말했다.

"저도 그럴 거라고 생각했어요. 당신을 믿어요."

신문 기사 내용은 미국 전역을 소란스럽게 만들었다. 신문과 방송을 포함한 언론은 매일 이 문제를 방영했다. 힐러리는 어쩔 수 없이 방송에 나가서 해명해야 했다.

텔레비전 〈투데이 쇼〉의 진행자인 매트 로어가 르윈스키 사건과 관련해 힐러리에게 질문을 던졌다.

"대통령 영부인으로서 이런 스캔들을 어떻게 생각하십니까?"

힐러리는 카메라를 바라보며 차분하게 말했다.

"빌이 대통령 선거에 나온 이후, 이런 비슷한 소문은 끊임없이 있었습니다. 그래서 저는 별로 놀랍지 않습니다. 이럴 땐 그저 깊게 심호흡을 하면서 마음을 진정시키는 게 우선이지요."

매트 로어가 손으로 금테 안경 한쪽을 살짝 올리며 물었다.

"그렇다면 스캔들이 거짓이라는 겁니까?"

"네, 빌은 절대 그럴 사람이 아닙니다. 진실은 곧 밝혀질 겁니다."

"그렇다면 누가 이런 거짓말을 만들어 낸다고 생각하십니까?"

힐러리는 남편의 불륜 사실에 대해 남편을 모함하려는 공화당원들이 지어낸 거짓말일 것이라고 추측했다.

"일부 보수주의자들이지요. 그들은 목적 달성을 위해서는 돈과 권력, 언론 등을 동원해 모든 수단방법을 가리지 않습니다."

실제로 1994년 정치 스캔들 기사를 쓴 데이비드 브룩 잡지사 기자는 이후 빌 클린턴에게 사과를 하기도 했다. 그는 빌 클린턴 대통령에게 해를 끼치려는 집단들에게서 돈을 받고 거짓 기사를 썼다고 시인했다.

"그들이 대통령의 명예를 떨어뜨리고 탄핵시키기 위해 음모를 꾸미는 것입니다."

텔레비전에 나온 힐러리는 빌의 스캔들은 헛소문이라고 말했다. 빌이 대통령에 당선된 이후 계속된 정치적 음모로 보았다. 하지만 미국 전역은 대통령의 스캔들로 계속 시끄러웠다. 공화당을 중심으로 만약 스캔들이 사실이라면 빌은 대통령지에서 물러나야 한다는 주장이 연일 나왔다.

언론의 선정적인 보도가 계속되는 가운데 빌은 자신의 대통령직을 묵묵히 수행했다. 4월 달에는 오랜 분쟁지역이자 테러가 끊이지 않았던 북아일랜드의 평화 조약 조인식을 이뤄냈다.

8월 15일 아침, 백악관 침실에서 잠을 자던 힐러리는 불길한 느낌에 눈을 떴다. 먼저 잠에서 깬 빌이 침대 앞을 왔다 갔다 하며 서성거리고 있었다. 머리를 묶으며 자리에서 일어선 힐러리 앞으로 굳은

얼굴의 빌이 다가왔다.

"당신에게 할 말이 있소. 놀라지 말고 들으시오."

궁금해 하는 힐러리에게 짧고 빠르게 말했다.

"르윈스키 스캔들의 소문은 전부 사실이오."

"뭐라고요?"

힐러리는 방금 자신이 무슨 말을 들었는지 귀를 의심했다. 고개를 떨군 빌은 이마를 한 손으로 짚으며 난감한 얼굴로 말했다.

"내가 그 때는 제 정신이 아니었소. 르윈스키와 잠시 바람을 피웠소."

소문이 사실이었음을 시인하는 빌 앞에서 힐러리는 할 말을 잃었다. 그리고 곧 가슴이 찢어지는 듯 아파왔다. 마음을 진정시키듯 힐러리는 깊이 숨을 쉰 후 말했다.

"당신 여태까지 날 속였던 거예요?"

"미안하오. 그동안 사태가 너무 커져서 진실을 말할 기회를 잃었소."

너무나 예상 못 했던 말이라 힐러리는 멍하니 앉아 있었다. 빌이 침대 앞으로 한쪽 무릎을 꿇고 앉으며 말했다.

"이제라도 내 잘못을 빌고 싶소."

"너무 충격적이라 할 말이 없네요."

"내가 이제 뭘 했으면 좋겠소?"

잠시 생각에 빠졌던 힐러리가 한쪽 무릎을 꿇은 빌에게 말했다.

"국민에게 진실을 말하세요."

힐러리는 남편이 바람을 피웠다는 사실보다 거짓말을 했다는 사실

에 큰 실망을 했다. 더군다나 자신뿐만 아니라 국민들에게도 사실을 감췄다. 이것은 너무나도 잘못된 행동이었다.

"나에게 말한 걸 국민에게도 알려주세요. 그리고 국민에게 용서를 비세요."

"알았소. 당신이 말한 대로 하겠소."

아내에게 사실을 고백한 이틀 후, 빌은 텔레비전에 나왔다. 언제나 자신만만하고 농담을 즐겨하던 빌이 풀이 죽은 모습으로 대국민 사과 성명서를 발표했다.

"르윈스키 스캔들의 내용은 사실입니다."

텔레비전을 보던 미 국민들은 모두 놀랄 수밖에 없었다. 빌은 어두운 표정으로 얼굴을 숙이고 말했다.

"이제라도 저의 잘못된 행동을 국민 여러분에게 사과합니다."

대통령에게도 사생활을 보호받을 권리가 있기에 그동안 침묵하고 있었다는 말도 했다. 공화당은 빌에게 대통령직 사퇴를 요구했고, 만약 이를 받아들이지 않으면 탄핵을 시키겠다고 압박했다. 국민들은 일제히 거짓말을 했던 빌을 비난했다. 하지만 그렇다고 공화당의 탄핵에는 찬성하지 않는 분위기였다. 빌의 사과문 발표로 르윈스키 사태는 점점 더 복잡해져 갔다.

빌의 고백으로 충격을 받은 힐러리는 이후 공적인 자리에 나서지 않았다. 신문기자들은 매일 힐러리의 뒤를 쫓으면서 인터뷰를 요구했다.

"남편이 바람을 피웠다고 인정했는데 이혼할 생각은 없으신가요?"

힐러리는 기자들을 피하며 말했다.

"지금이 내 결혼 생활 중 제일 힘든 시기에요."

힐러리는 더 이상 공개적으로 남편을 옹호하지 않았다 그렇다고 비판하지도 않았다.

"혼자 있고 싶습니다."

기자들을 뿌리치고 힐러리는 한적한 곳을 찾아 여행을 떠났다. 조용한 가운데 힐러리는 자신의 마음을 정리했다. 하지만 좀처럼 빌에 대한 미움은 사라지지 않았다. 배신감은 지워지지 않았고 빌의 거짓말은 계속 상처로 남았다. 클린턴에 대한 화가 가라앉지 않았고 결혼 생활에 회의가 밀려왔다. 힐러리는 남편의 부정을 용서할 수 없었다.

"이제 더 이상의 결혼 생활은 의미가 없어."

그때 누군가 힐러리를 찾고 있다는 비서의 연락이 왔다. 그는 바로 고등학교를 다닐 때 힐러리의 우상이자 첫사랑이었던 존스 목사였다.

끝나지 않은 꿈

"반갑구나! 힐러리."

휴양지에서 쉬고 있던 힐러리에게 도널드 존스 목사가 찾아왔다. 존스는 일리노이 주에서 십대 시절을 보낸 힐러리를 지도했던 교회 청년 목회자였다. 이제는 나이가 들어 더 이상 예전의 풋풋한 미남은 아니었지만 중년이 넘어선 중후한 품격이 엿보였다.

"존스 목사님 어떻게 지내셨어요?"

힐러리는 존스의 두 손을 맞잡으며 기뻐했다. 둘은 헤어진 이후에도 평생의 친구처럼 편지와 전화를 통해 서로의 안부를 묻곤 했다.

"나는 여전히 하나님의 말씀을 실천하면서 조용히 살아가고 있단다."

"그러실 줄 알았어요."

존스는 힐러리의 어깨를 두들기며 대견한 듯 말했다.

"난 네가 이렇게 큰 인물이 될 줄 알았다."

힐러리는 부끄러운 듯 웃음을 지었다. 존스는 빌을 떠올리면서 말했다.

"내가 예언했듯이 넌 훌륭한 사람을 만나서 결혼하지 않았니?"

힐러리가 슬픈 얼굴로 고개를 가로 저었다.

"지금은 아닌 거 아시잖아요."

"나도 빌이 텔레비전에 나와 사과를 하는 건 봤다. 그래서 네가 걱정이 되어서 왔다."

"말씀만으로도 고맙습니다."

존스는 옛 기억이 떠올랐다는 듯 물었다.

"예전에 내가 들려줬던 노래가 기억나느냐?"

"그럼요. 제게 사랑하는 사람이 생기면 기억하라고 하셨죠.".

"그래 아마 이렇게 불러줬었지."

존스는 기타도 없이 조용한 목소리로 고린도전서 13장을 노래로 불렀다.

사랑은 언제나 오래참고 사랑은 언제나 온유하며……
사랑은 성내지 아니하며 진리와 함께 기뻐하네……

사랑은 모든 것 감싸주고 바라고 믿고 참아내며……
사랑은 영원토록 변함없네

믿음과 소망과 사랑 중에 그 중에 제일은 사랑이라~

지난날 힐러리는 존스가 노래를 부르는 모습을 평생 잊지 않겠노라 약속했었다.

나지막이 들려오는 노래가사에 힐러리는 문득 빌을 생각했다. 빌과 함께 행복했던 시절들이 회전목마처럼 머리 위로 지나갔다. 도서관에서 처음 만났을 때 깜짝 놀라던 빌의 모습, 함께 문이 닫힌 박물관에서 우주사진전을 보던 추억들이 생생했다. 그가 주지사에 재당선 되던 때, 대통령 선거가 있던 날 같이 먹었던 햄버거. 그 모든 것들이 떠올랐다.

"잠시 옛날 생각이 나서 불러봤다."

노래가 끝나자 힐러리는 존스 목사와 함께 보냈던 감리교회의 청년부 시절을 떠올리며 대화를 나눴다. 두 사람은 함께 옛날이야기를 나누면서 즐거운 시간을 보냈다.

존스 목사는 돌아가기 전에 힐러리에게 한 가지 부탁을 했다.

"다음에는 가족들과 함께 꼭 여행을 한 번 다녀 오거라."

"잘 알겠습니다."

힐러리는 존스 목사가 왜 자신을 찾아왔는지 그 이유를 알 것 같았다. 존스는 힐러리가 빌과 헤어지지 않길 바랐던 것이다.

여름이 가기 전 힐러리는 존스 목사가 제안한대로 가족 여행을 떠났다.

무지개가 뜨고 황금빛 물결이 넘실대는 마서즈 빈야드 섬은 그림처럼 아름다웠다. 빅토리아 시대 풍의 대통령 별장이 있는 섬에서 힐러리는 오랜만에 가족들과 시간을 보냈다.

힐러리는 아직도 빌이 보기 싫었지만 함께 있다 보니 많은 생각을 하게 되었다. 힐러리는 야자수 나무 아래 그물 침대 위에서 아기처럼 잠든 빌을 내려다봤다.

'빌이 그렇게 바람을 피운 건 어렸을 때의 애정결핍 때문인지도 몰라.'

도박꾼이자 술주정뱅이였던 양아버지로부터 매를 맞으며 자랐던 빌은 정에 굶주렸다고 했다. 간호사였던 어머니는 직장이 멀어서 어린 빌을 충분히 돌보지 못했다. 할머니가 혼자서 빌을 길렀지만 그것도 오래가지 못 했다.

힐러리는 잠든 빌을 내려다보면서 자신의 남편이 아닌 여린 마음에 상처를 받은 아이를 떠올렸다. 불쑥 힐러리는 빌을 안아주고 싶다는 생각이 들었다.

"나는 미국의 영부인이야. 만약 내가 빌을 버린다면 국민들도 그에게서 등을 돌릴 거야."

힐러리는 주먹을 불끈 쥐었다.

"아직도 빌을 이해하지는 못 하겠어. 하지만 그가 탄핵당하도록 내버려 둘 수는 없어."

당시 많은 미국인들이 빌이 잘못을 저질렀지만 대통령직을 그만둘 만큼 큰 죄를 짓지는 않았다고 생각했다. 힐러리 역시 그렇게 생각

하기로 했다. 남편이 개인적인 실수로 거짓말을 했지만 그 일로 대통령직을 그만두는 일만큼은 막아야겠다고 생각했다.

힐러리는 고개를 들어 노을이 지는 해변에서 놀고 있는 첼시를 바라봤다. 이제 다 큰 첼시는 어엿한 대학생이 되었다. 넘실대는 파도를 타기 위해서 첼시는 서핑보드에 누운 채 바다를 향해 헤엄을 치고 있었다.

"첼시도 언론을 통해서 이번 일을 다 알고 있을텐데……"

대학생인 첼시 역시 빌의 스캔들을 알고 있었다. 하지만 첼시는 부모님의 걱정을 염려했는지 전혀 내색을 하지 않았다. 힐러리는 그런 첼시가 대견스럽게 느껴졌다. 힐러리는 진심으로 아끼고 사랑하는 딸 첼시를 위해서라도 가정은 유지되어야 한다고 생각했다.

"저 아이에게 어른들의 잘못을 상처로 남겨서는 안 돼."

여행에서 돌아올 즈음 힐러리는 완전히 변해 있었다.

"이제부터 대통령 빌 클린턴을 지키기 위해서 싸우겠어."

다시 사람들 앞에 나타난 힐러리에게 기자들이 따라붙었다. 힐러리도 더 이상 전처럼 기자들을 피하지 않았다. 기자들은 거리에서든 회의장에서든 힐러리를 보기만 하면 르윈스키 스캔들을 질문했다.

"남편이랑 이혼하셔야 되는 거 아닙니까?"

많은 사람들이 힐러리처럼 강한 여자가 어떻게 바람을 피운 남편과 함께 살 수 있을지 궁금해했다. 힐러리는 한결 여유를 갖고 대답했다.

"빌 때문에 많이 실망했고 가슴 아팠지만 여전히 사랑합니다. 빌은 여전히 나를 이해해주고 내게 웃음을 주려고 노력해요."

"남편이 바람을 피우고 거짓말을 했는데 화도 안 나세요?"

"화가 날 때마다 가족들의 행복했던 시절을 떠올립니다. 또 사랑하는 딸이 지켜보고 있다고 생각하면 화를 낼 수 없습니다."

힐러리의 대답에 기자들의 공격적인 질문도 줄어들었다. 다른 기자가 진지하게 물었다.

"이번에 대통령이 탄핵될 거 같습니까?"

"제가 빌을 버리지 않는다면 국민들도 그를 버리지 않을 겁니다."

예전과 달리 빌을 옹호하고 나서자 힐러리에 대한 동정심이 늘어났다. 힐러리에 대한 국민들의 지지율은 대통령보다 오히려 높게 나왔다.

한편 스캔들 조사위원장인 케네스 스타 검사는 빌 클린턴과 모니카 르윈스키에 관한 두꺼운 보고서를 국회에 제출했다. 동시에 이를 증거로 대통령 탄핵 절차를 밟았다.

12월 미국 하원은 빌 클린턴이 법정에서 거짓 맹세를 했다는 위증죄로 대통령을 탄핵했다. 이는 빌 클린턴에게 1800년대 이후 첫 번째로 탄핵소추를 당한 대통령이라는 불명예를 안겨줬다. 이제 빌을 대통령직에서 물러나게 하려면 상원 의회의 3분의 2의 동의를 얻어야 하는 절차가 남았다.

1999년 2월, 상원 의회는 탄핵사건 재판에서 클린턴이 무죄라고

판결했다. 개인적인 행동이 정부나 미국 국민들에게 해를 끼친 것은 아니라는 이유에서였다. 역사학자와 헌법학자들도 탄핵사유가 되지 않는다고 의견을 같이했다. 이로써 빌은 남은 임기 1년을 다 마칠 수 있게 되었다. 민주당원들은 빌을 둘러싸고 축하 인사를 했다.

"축하해요, 빌 클린턴."

빌은 대통령직을 계속해서 해 나갈 수 있었지만 상처만 남은 영광이었다. 빌이 탄핵을 피할 수 있었던 것은 그가 대통령을 맡은 이후 좋아진 경제상황과도 연관이 있었다. 국민들은 빌에게 호의적이었고 그를 조사했던 케네스 스타 특별검사를 별로 신뢰하지 않았다. 여론 조사에서 이미 60%가 넘는 국민들이 탄핵사유가 되지 않는다고 생각하고 있었다.

또한 빌이 탄핵을 피하게 된 일등 공신은 바로 힐러리였다. 많은 국민들은 빌보다 힐러리에게 더 많은 애정과 동정심을 보였다. 국민들은 무엇보다 힐러리의 배려심을 좋게 보았다. 이때 힐러리에 대한 미 국민들의 지지도는 71%를 기록하였다. 역대 그 어떤 대통령보다도 높은 지지율이었다. 아울러 9%대까지 바닥을 쳤던 빌의 지지율도 덩달아 조금씩 회복되었다. 빌 클린턴은 힐러리의 도움으로 일생일대의 위기를 넘겼다. 빌은 힐러리를 안으며 고마움을 표했다.

"당신이 내 대통령직을 지켜주었소."

힐러리는 빌의 귓가에 대고 작은 충고를 해주었다.

"남은 임기 동안 국민들에게 봉사하는 자세로 일해 주세요."

끝나지 않은 꿈 157

"고맙소, 다시는 이런 실수를 범하지 않겠소."

빌은 다시 대통령으로서의 업무에 임했다. 당장 분쟁지역이었던 이스라엘과 팔레스타인 사이의 평화협정을 맺는데 중재를 맡아 활약했다.

힐러리의 인기가 갈수록 치솟자 민주당에서는 그녀에게 한 가지 제안을 했다.

"뉴욕시 상원 의원 선거에 나갈 볼 생각이 없으신가요?"

힐러리는 민주당 지도부의 제안을 거절했다.

"저는 남편 임기 중에 공식적인 직책을 맡지 않겠다고 약속했어요."

민주당 지도부는 힐러리를 설득하려 했다.

"선거는 내년이에요. 그때는 클린턴의 대통령 임기가 끝날 때입니다."

"그래도 아니에요. 전 뉴욕출신도 아니고 의회에서 일해 본적도 없어요."

힐러리는 뉴욕에서 태어나거나 자라지 않았기 때문에 선거에 출마하기 위해서는 뉴욕으로 이사를 가야했다. 또한 선거의 맞상대는 뉴욕시민으로부터 큰 지지를 받고 있던 공화당의 루돌프 줄리아니라는 거물이었다. 힐러리가 아무리 인기가 높다고 해도 쉽게 이길 수 있는 상대가 아니었다. 그리고 무엇보다도 힐러리는 선거에 나설 생각이 없었다.

1999년 3월 4일 힐러리는 우연히 뉴욕시를 방문했다. 에이치비오 케이블 텔레비전 회사에서 '용감히 맞서세요'라는 제목의 영화를 홍보하기 위해 마련한 자리였다. 행사에는 영화에 출연한 올림픽 체조 선수 도미니크 도즈와 테니스 챔피언 빌리 진 킹 등 유명한 여성 운동 선수들이 참석했다. 힐러리도 행사에 초대받아 참석했다.

자리에 앉아 영화 소개 평을 듣고 있던 힐러리에게 누군가 다가왔다. 옆 자리에 앉아있던 소피아 토티라는 10대 농구 선수였다. 소피아는 힐러리의 귀에 대고 이렇게 소곤거렸다.

"클린턴 부인, 용감히 맞서세요."

처음에 힐러리는 무슨 소리인지 영문을 몰라했다. 그러자 소피아가 또다시 힐러리의 귀에 대고 조용히 말했다.

"뉴욕시에 용감히 맞서세요."

그제야 힐러리는 소피아가 하려는 말이 무슨 말인지 알았다. 당시 뉴욕 시민들 사이에서는 힐러리가 뉴욕 시장으로 출마할지도 모른다는 소문이 돌고 있었다. 하지만 힐러리가 이를 주저하고 있다고 생각한 소피아가 힐러리에게 귓속말로 출마를 제의한 것이었다. 소피아에게 감동을 받은 힐러리는 고개를 끄덕였다.

"이제라도 진지하게 생각해 볼게요."

힐러리는 구체적으로 뉴욕시의 현황과 문제점을 알아봤다. 그리고 그 대안들을 찾아봤다. 생각보다 공공 정책을 만들고 도시의 미래를 계획하는 일이 즐거웠다.

"좋았어. 뉴욕시 상원 의원으로 출마해 보는 거야."

2000년 2월에 힐러리는 뉴욕 주 상원 의원 선거에 출마하겠다고

공식적으로 발표했다.

힐러리가 막상 뉴욕시 의원 선거에 출마를 결정하자 주변의 많은 사람들이 말리는 분위기였다.

"뉴욕 사람들은 텃세가 심해서 시카고 출신인 힐러리를 받아들이지 않을 거예요."

"절대 불리합니다. 공화당 줄리아니 후보를 이기기 힘들 겁니다."

처음 출마를 권유했던 민주당 지도부조차 부정적인 전망을 내놓았다.

"출마를 너무 늦게 결정했어요. 지금 시작해선 시간이 없어요."

당장 힐러리는 선거에 필요한 시민권을 얻기 위해 뉴욕 주로 이사를 했다. 딸 첼시는 힐러리의 선거 운동을 돕기 위해 학교를 휴학하고 어머니의 뒤를 따라 다녔다.

선거를 준비하는 과정에서 상대 후보가 바뀌었다. 원래 상대편 후보였던 루돌프 줄리아니 시장이 건강상의 문제로 물러났다. 대신 공화당 국회의원 릭 라지오가 후보로 올라왔다.

선거 유세 과정에서 라지오는 힐러리에 대한 인신공격을 쉬지 않고 퍼부었다.

"뉴욕 출신이 아니면서 주소만 옮긴 힐러리는 불법 철새 후보입니다."

"힐러리는 남자들이 여성을 착취한다고 믿는 위험한 여성해방론자입니다."

"뉴욕의 유대인들은 힐러리를 지지하지 않습니다."

"왜냐하면 힐러리의 뒤에는 중동 테러 조직들이 있기 때문입니다."

연단에 선 라지오는 거짓말과 터무니없는 이야기로 힐러리를 공격했다. 심지어 힐러리와 같은 자리에 있으면서도 이런 말들을 해댔다. 하지만 힐러리는 침착했다.

"존경하는 라지오 후보의 연설을 잘 들었습니다."

힐러리는 연단에 앉아 있는 라지오를 바라보며 웃으며 말했다.

"여러 가지 잘못된 정보를 가지고 있으시지만 거기에 대해서 변명을 하지 않겠습니다. 이미 여러분들이 다 아는 사실들이니 시간 낭비하지 않겠습니다."

하하하하! 청중들이 일제히 웃음을 터뜨렸다.

"저는 뉴욕 시민들이 관심을 갖는 문제에 대해 말하겠습니다. 새로운 일자리를 찾고 시민들의 건강을 지키고 환경오염을 막기 위해 무엇을 해야 할지 제안하겠습니다."

힐러리는 라지오를 비방하지 않고 대신 자신이 준비했던 건설적인 정책들을 내놓았다. 소수민족 우대 정책, 대학 캠퍼스 확충, 맨해튼 지역 활성화, 외진 뉴욕 북부지역 개발 등 각종 지역 현안에 대해서 구체적인 계획을 내놓았다. 시민들은 큰 목소리로 반응을 보였다.

"힐러리는 대범한 여장부야."

"우리가 원하는 게 바로 저거야."

"근데 라지오는 왜 저리 비방만 하지?"

결국 힐러리는 55대 43퍼센트의 비율로 선거에서 라지오를 이겼다. 이로서 선거에서 이겨 공식 석상에 앉게 된 최초의 영부인이 되

끝나지 않은 꿈 161

었다.

 힐러리는 상원 의원에 당선되었지만 대통령 선거에서 민주당은 아깝게 패했다.

 2000년 부시는 부통령 앨 고어를 이기고 미국 대통령으로 취임했다. 선거 후에 플로리다 주에서의 아슬아슬한 투표결과 때문에 투표용지 재검표 논란까지 일어났다. 하지만 미국 연방 대법원은 부시의 손을 들어주었다.

 힐러리는 임기를 마친 클린턴과 함께 백악관에서 물러났다. 하지만 연방 상원 의원으로 뽑힌 힐러리의 인기는 오히려 백악관에서 보냈던 시절보다 더 올라갔다.

 힐러리는 2001년부터 뉴욕 주의 상원 의원으로 일하기 시작했다. 힐러리는 워싱턴 근처에 저택을 구입해 집무실을 차렸다. 이 저택에는 빌 클린턴과 힐러리의 어머니인 도로시 로댐도 함께 살았다. 힐러리는 스물일곱 명의 직원들과 함께 상원 의원 업무를 보기 시작했다.

 상원 의원 선서식에서 힐러리는 바지를 입고 연단에 올랐다. 의회 선서식에 참석하는 여성 의원들은 치마를 입고 오르는 게 관례였다. 하지만 힐러리는 검은색 바지를 입고 선서를 했다. 민주당과 공화당의 여성지지자들은 그런 힐러리에게 박수를 보냈다. 하지만 많은 남성 의원들은 여성해방주의자로 알려진 힐러리가 우려스러웠다. 그들은 영부인 경력의 강한 이미지를 갖고 있던 힐러리에게서 위축감을 느끼고 있었다.

힐러리는 화려한 의회 생활을 시작했지만 예상과 달리 조용히 움직였다. 많은 남성 의원들이 생각했던 것과는 다른 행동이었다.

힐러리는 맨 처음 로버트 버드 상원 의원을 찾아가 손을 내밀었다.

"여기서 뵙게 됐네요. 앞으로 잘 부탁드립니다."

버드 의원은 찜찜한 얼굴로 힐러리와 악수를 나눴다. 보수주의자였던 버드 의원은 과거 힐러리가 건강보험을 개혁할 때 앞장서서 반대했던 인물이다. 힐러리가 건강보험 개혁에 실패한데는 버드 상원 의원의 반대가 제일 컸다. 버드는 당시 힐러리가 영부인으로서 영향력을 행사하기 위해 의료보험을 이용한다고 오해했었다.

"버드 의원님, 제가 의회가 처음이라 모르는 게 너무 많습니다."

지난날의 앙금이 남아 있어선지 버드는 까칠하게 대답했다.

"당연한 말씀이지요."

힐러리는 의회에 대해 배우겠다는 자세로 버드에게 고개를 숙였다.

"제가 모범적인 상원 의원이 되려면 어떻게 해야 하는지 종종 찾아가서 여쭙겠습니다."

힐러리가 허리를 굽히며 정중하게 묻자 버드 역시 고개를 숙였다.

"그런 방문이라면 언제든지 환영입니다."

실제로 힐러리는 수시로 버드 의원을 찾아가서 많은 의논을 했다.

이후, 버드 의원은 힐러리와의 대화를 통해서 자신이 많은 오해를 했다는 사실을 깨달았다.

'힐러리는 야심으로 가득 찬 독한 여자가 아니었군. 진정으로 뉴

욕 시민들을 위해 일하고 싶어 하는 따뜻한 여성이야.'

 힐러리는 버드 의원뿐만 아니라 다른 공화당 의원들도 서슴없이 찾아가 만났다. 힐러리는 과거에 의료보험 개혁이 실패한 것이 자신이 다른 의원들과 원활한 대화를 나누지 못 했기 때문이라고 생각했다. 과거와 같이 실수를 하지 않으려면 지금이라도 그들을 자신의 편으로 만드는 게 중요한 일이었다.

 "저는 전에도 공화당 의원들과 일을 같이 했습니다. 그때 두 당이 힘을 합쳐 함께 일할 때 일이 잘 된다는 걸 알았습니다."

 초선 의원 힐러리의 첫 번째 법안은 시골 지역에 인터넷 통신망을 깔아주는 것이었다.

 "인터넷 사업은 당을 초월하는 우리 모두의 일입니다. 같이 힘을 합쳐 꼭 해냅시다."

 뉴욕 북부와 캐나다 국경선 사이를 가로지는 대규모 통신사업이 벌어졌다. 불가능할 것 같던 사업이 힐러리가 앞장서자 거침없이 진행됐다. 대규모 예산이 투자되어 약 1,000억 원의 기지국이 새롭게 건설되었다. 그러는 사이 힐러리는 공화당 상원 의원들 사이에서도 인정을 받게 되었다.

 "힐러리는 말만 하는 정치인이 아니야."

 힐러리가 점점 성실함을 인정받으며 뉴욕 시정을 이끌고 있을 때 예기치 못한 일이 벌어졌다.

 2001년 9월11일, 네 대의 미국 항공기가 테러리스트에게 공중납

끝나지 않은 꿈 165

치 되었다. 그 중 두 대의 비행기가 뉴욕 시 세계 무역 센터 건물에 부딪쳐 폭발했다. 또 다른 한 대는 워싱턴 근처의 미 국방부 본부인 펜타곤에 떨어졌다. 이 사고로 약 3,000명의 인명이 희생되었다.

세계의 중심 도시라고 할 수 있는 뉴욕시의 쌍둥이 빌딩이 화염에 휩싸이자 힐러리는 즉각 사고 현장으로 달려갔다. 이 충격적인 사건으로 뉴욕시는 말할 것도 없고 미 국민들과 전 세계인이 경악했다.

사고 수습에 앞장 선 힐러리는 침착함을 잃지 않고 미 국민들 앞에 섰다.

"우리는 지금 죽음의 금요일을 맞았습니다."

힐러리의 연설은 시엔엔(CNN) 텔레비전을 통해서 전 세계로 중계되었다.

"말로 표현하기가 불가능할 정도로 너무나 아프고 슬픕니다."

힐러리는 미 국민들을 위로하는 한편, 처참한 상황에서도 희망의 끈을 놓지 않았다.

"하지만 일요일은 옵니다. 예수님의 부활은 일요일에 일어났습니다."

주먹을 불끈 쥔 힐러리의 강인한 연설에 국민들은 힘을 얻었다.

"우리에게도 다시 살아날 부활의 그날이 올 것입니다."

힐러리의 명연설은 생중계로 텔레비전을 보던 미국인들을 위로했고, 전 세계인들에게 희망의 메시지를 주었다.

힐러리는 사고 현장 복구를 위해 연방기금 200억 달러가 필요했다. 21조원에 달하는 엄청난 액수여서 갑자기 자금을 모으는 일은

쉬운 일이 아니었다. 그때 지방 정부의 경비를 담당하던 세출 위원장 로버트 버드가 힐러리를 도왔다.

"힐러리, 지금은 위급한 상황인 만큼 당장 긴급자금으로 220억 달러를 지원하겠소."

몇 년 전까지만 해도 힐러리의 앙숙이었던 버드가 그새 가장 든든한 조력자가 되어 있었다. 파괴된 뉴욕시는 빠른 시간 내에 정상을 찾아갔다.

부시 미국 대통령은 911 테러의 배후를 찾아 테러와의 전쟁을 선언했다. 2003년에는 테러단체 지원과 대량살상무기 보유 혐의로 이라크를 침공했다.

이때 힐러리는 이라크 공격에 찬성하는 쪽에 투표했다. 하지만 이후 미군이 이라크를 점령하자 생각을 달리했다.

미국은 전쟁에서 쉽게 이라크를 이겼다. 하지만 전쟁의 명분이 되었던 대량살상무기는 없는 것으로 밝혀졌다. 부시 대통령이 이라크를 침략했던 명분은 잘못된 정보였다.

이라크 저항세력과 내전으로 전후 많은 미군과 이라크 국민들이 사망했다. 미국은 전쟁을 수행하기 위해 엄청난 국방비를 지출했다. 이 때문에 교육이나 가정, 사회 복지를 위해 쓰여야 할 예산이 대폭 줄어들었다. 이라크 전쟁에 수십억 달러가 쓰이자 많은 미국인들이 전쟁 반대에 나섰다. 이렇게 되자 힐러리 또한 부시의 이라크 정책에 반대했다.

2003년 여름. 힐러리는 자신의 자서전「살아있는 역사」를 출판하고 저자 사인회를 가졌다. 이즈음 갤럽 여론조사의 '미국에서 가장 존경받는 여성'으로 힐러리가 뽑히는 영예도 있었다. 상원 의원으로서 힐러리의 인기와 명예는 해가 갈수록 더해갔다.

　2006년 힐러리는 뉴욕 상원의회 선거에 또 다시 나서서 재선에 성공했다. 당시 사람들의 관심은 힐러리가 당선되는 것 보다 2년 후, 대통령 선거에 나올지를 더 궁금해했다. 만약 대통령에 당선되면 미국 최초의 여성 대통령이면서 동시에 첫 부부 대통령이라는 기록이 세워진다. 그리고 사람들의 예상처럼 힐러리는 대통령 선거 출마를 힘차게 선언했다.

　"나는 뛰어들었습니다. 이기기 위해 뛰어들었습니다."

　힐러리가 대통령 선거 후보로 선출되기 위해서는 민주당내의 경선을 거쳐서 승리해야 했다. 힐러리는 가장 유력한 대통령 후보였지만 버락 오바마라는 강력한 경쟁자를 만났다.

　당내 경선 현장에서 힐러리는 자신의 공약을 소개했다.

　"지금은 미국의 약속을 새롭게 할 때입니다. 저는 국민 여러분들과 대화를 시작하겠습니다."

　힐러리의 선거 공약은 저렴한 의료비 재정 적자 감축, 이라크 전의 마무리였다.

　2008년 당내 대통령 후보 경선에서 처음에는 힐러리가 유리한 것

처럼 보였다. 하지만 마지막엔 결국 간발의 차이로 패하였다.

오바마는 이후 새 미국 대통령으로 당선되었다. 오바마는 대통령 당선 직후 국무부장관으로 힐러리를 지명했다. 비록 민주당내 경쟁자였지만 힐러리는 이를 흔쾌히 받아들여 오바마의 국정운영을 도왔다.

힐러리는 2015년 차기 민주당 대통령후보 경선 대회에서 가장 강력한 예비 대통령 후보자이다. 어린 시절부터 힐러리는 성경에 나온 '믿는 자는 능치 못할 것이 없다'는 구절을 믿고 실천하며 성장했다. 그리고 그 믿음은 지금도 계속되고 있다.

"나의 꿈은 끝나지 않았습니다."

Hillary Clinton

힐러리 클린턴의 생애

1947년   10월 26일 미국 일리노이 주 시카고 출생

1965년   고등학교 졸업, 매사추세츠 주 웰즐리 대학교 입학. 정치학 전공

1968년   웰즐리 대학교 학생회 회장 당선

1969년   웰즐리 대학교 수석 졸업 및 졸업식 대표 연설. 예일 대학교 로스쿨 입학

1973년   예일 대학교 로스쿨 졸업

1973년~1974년   리처드 닉슨 대통령 탄핵소추위원회에서 조사 연구원으로 활동

1975년   아칸소 대학교 로스쿨에서 교수로 재직
           10월 11일 윌리엄 제퍼슨 클린턴과 결혼

1976년   로즈로펌에 변호사로 입사

1977년   클린턴 아칸소 주 검찰총장 선거 당선, 리틀 록으로 이사

1980년   딸 첼시 출생

1982~1992년   아칸소 주지사 부인으로 활동

1982년   힐러리 로댐 클린턴으로 이름을 바꾸어 사용하기 시작

1988년, 1991년   〈내셔널 저널〉이 선정한 '가장 영향력 있는 변호사 100인'
                  으로 선정

1992년~2000년   클린턴 대통령 당선으로 백악관 이사,
                 미국 대통령 영부인으로 활동

1993년   건강보험 개혁 대책위원회 의장

1995년   〈집 밖에서 더 잘 크는 아이들〉 출간

2001년~2009년 뉴욕 주 상원 의원 당선 및 연임 활동.

2003년   자서전 〈살아 있는 역사〉 출간

2007년~2008년 대선준비 위원회 설립 및 출마.
              민주당 대선 후보 경선에서 버락 오바마에게 패배.

2008년   마틴 루터 킹 센터 선정 '올해의 지도자' 상 수상

2009년~2013년 미국 67대 국무장관 취임 활동.

2013년   미 국방부 '공로훈장' 수상

인물 마주보기

힐러리의 어린 시절

미국 일리노이 주 시카고 교외의 파크리지에서 자란 힐러리의 어린 시절 꿈은 달리기 선수였다. 아버지 휴 엘즈워스 로댐은 영국 웨일스 이민사의 후손으로 시카고 시내에서 사업을 했다. 감리교 신자인 아버지 휴는 힐러리에게 야구와 카드놀이, 낚시 등을 직접 가르쳐 주면서 엄격하게 교육시켰다. 부지런한 가정주부였던 어머니 도로시 하월 로댐은 딸 힐러리에게 여자로서의 독립심과 자긍심을 갖고 자라게 했다.

중학생이 된 힐러리는 우주 비행사가 되는 게 꿈이었다. 하지만 달 탐사에 나설 우주 비행사를 선발하던 미국 우주항공국은 여자 대원을 뽑지 않았다. 이 일로 힐러리는 여성에 대한 사회의 차별을 처음으로 느끼게 되었다.

두 남동생과 함께 자란 힐러리는 풋볼과 야구, 필드하키 그리고 스케이팅, 수영, 자전거 타기 등을 즐기며 활동적으로 자랐다. 학교에서는 걸스카우트 대원을 하면서 식량 원조 운동, 나눔 봉사활동에도 적극적으로 참여했다. 이렇게 다양한 활동을 하면서도 학교 성적은 늘 상위권이었다.

새로운 시선을 알아가다

14세 때 힐러리는 감리교회에서 존스 목사를 만났다. 존스 목사와 함께 감리교 청년부 활동을 하면서 흑인 빈민촌에서 봉사활동을 하게 되었고 이로써 세상을 보는 폭넓은 시야를 갖게 되었다.

그리고 힐러리는 존스 목사의 소개로 마틴 루터 킹 목사를 직접 만났다. 이러면서 진보적인 흑인 인권 운동에 관심을 갖게 되었고 흑백 차별에 반대하는 확실한 입장을 갖게 되었다. 하지만 이때까지도 힐러리는 그의 아버지나 파크리지 대다수의 사람들이 그랬듯이 보수적인 공화당을 지지했다.

공화당을 지지하던 힐러리가 자신의 생각을 바꾸게 된 계기가 생겼다. 17세 때 힐러리는 학교에서 대통령 모의 투표 토론회에 참여하였다. 이때 힐러리는 공화당의 보수주의자 대통령 후보인 배리 골드워터를 지지했으나 선생님에 의해서 반대편 민주당 대통령 후보 역할을 맡게 되었다. 힐러리는 민주당의 정책을 공부하게 되면서 처음으로 민주당에 호감을 갖게 되었고 정치에 대한 막연한 꿈을 갖게 됐다.

메인이스트 고등학교를 우수한 성적으로 졸업한 힐러리는 웰즐리 여자 대학교에 입학해 정치학을 전공했다. 신입생 때는 청년 공화당 단체에서 일 했고, 1968년 여름에는 공화당 하원의원 밑에서 인턴 과정을 밟았다. 또한 공화당 전당대회에서 일을 돕기도 하였다. 하지만 이런 과정을 통해서 공화당의 정책이 자신과 맞지 않음을 알게 되었고 베트남 전생에 반대하면서 힐러리의 마음은 민주당으로 향했다.

평생의 반려자인 빌을 만나다

1968년 가을, 힐러리는 웰즐리 대학교의 졸업반 학생이면서 학생회 회장으로 당선되었다. 그리고 1969년 졸업식 때는 대표 연설을 하였다. 힐러리는 이때 정치, 사회, 인권 문제를 언급하면서 졸업생들의 환호를 받았다. 이러한 힐러리의 진보적인 졸업 연설은 〈라이프〉지에 소개되는 등 언론의 주목을 받았다.

웰즐리 대학교를 졸업한 힐러리는 코네티컷 주의 예일 로스쿨에 입학했다. 학회 편집자와 아동학연구소 등에서 활동하던 힐러리는 1971년 학교에서 아칸소 출신의 빌 클린턴을 만나 사귀기 시작했다. 힐러리는 빌보다 1년 먼저 입학해서 1972년 졸업예정이었으나 빌의 졸업 때까지 1년간 같이 지내기 위해 졸업을 1년 뒤로 미뤘다.

졸업을 함께 한 빌은 힐러리가 자신의 고향인 아칸소로 같이 내려갈 것을 희망했으나 힐러리는 사랑 대신 일을 선택하며 남는다.

능력을 인정 받기 시작한 힐러리

로스쿨 졸업 후 힐러리는 유명한 여성 흑인 변호사인 매리언 라이트 에델이먼이 대표로 있는 어린이 보호기금에서 일을 시작한다. 이후, 리처드 닉슨 대통령과 관련된 워터게이트 사건이 드러났고, 닉슨 대통령에 대한 탄핵이 추진되었다.

힐러리는 탄핵 조사단의 일을 맡았고 곧 얼마 되지 않아 능력을 인정받아 중요한 보고서 작성을 담당하게 되었다. 탄핵 조사단에서 일하면서도 힐러리는 시간을 내어 빌과 전화 연락을 수시로 주고받았고 휴가를 받아 아칸소 주로 내려가 선거 운동을 돕기도 했다.

1974년 8월, 닉슨 대통령이 워터케이트 사건의 책임을 지고 대통령직을 사임했다. 이로써 힐러리의 탄핵 조사 위원회의 활동도 모두 끝났다. 그 후 힐러리에게 많은 법률회사와 기업, 단체가 같이 일할 것을 제의해 왔다. 하지만 힐러리는 이들의 요청을 거절하고 아칸소로 향했다. 빌은 힐러리를 위해 아칸소 대학교 로스쿨의 교수 자리를 추천했다.

영부인으로 정치를 시작하다

힐러리는 대학 교수로 일하며 계속 빌과의 사랑을 키워 나갔고 마침내 1975년에 결혼식을 올렸다. 힐러리는 결혼 후에도 남편 성을 따르지 않고 계속 로댐이라는 성을 써서 보수적인 남부 사람들의 입방아에 오르기도 했다.

힐러리와 결혼한 후, 빌은 승승장구했다. 1977년에 아칸소 주 검찰 총장이 되었고 다음 해에는 주지사 선거에 출마하여 당선되었다. 그리고 1980년 2월에는 딸 첼시가 태어났다.

아칸소 주에서 유명한 로즈 법률회사에서 일했던 힐러리는 딸을 낳은 지 얼마 되지 않아 다시 회사로 복귀했다. 힐러리는 회사 일을 하면서 아이를 키우고 빌의 정치 활동을 돕는 힘 있는 여성으로 활약했다.

1980년 11월, 빌은 주지사 선거에서 패배했다. 힐러리는 실의에 빠져 실망한 빌을 위로했다. 2년 후, 1982년에 다시 주지사 선거에 빌이 출마하자 힐러리는 빌 클린턴의 부인으로서 성을 클린턴으로 고친다고 선언했다. 힐러리의 적극적인 선거 운동에 도움을 받으며 빌은 다시 주지사의 자리에 올랐다. 이때부터 빌은 대통령이 되기 전까지 계속 아칸소 주지사 자리를 연임하며 자리를 지켰다.

1993년 빌 클린턴이 대통령에 당선되자 힐러리는 영부인이 되었다. 백악관에 들어간 힐러리는 국민건강보험 개정에 들어갔다. 직장인들의 건강보험을 보장하는 내용이었으나 공화당과 보험 및 의료 관련단체들의 강력한 반대에 부딪혔다. 결국 건강보험 개정안은 민주당이 다수당임에도 상하원에서 필요한 표를 얻지 못해 무산되고 말았다.

1998년 빌 클린턴이 백악관 인턴이었던 모니카 르윈스키와 스캔들을 일으켰다는 소문이 번졌다. 힐러리는 그 소문을 거짓이라고 무시했으나 대통령 탄핵에 이르기까지 사건이 번졌다. 끝내 이 소문이 사실임을 알게 된 힐러리는 우선 빌에게 국민들에게 진실을 알릴 것을 요구했다. 고민 끝에 힐러리는 결혼 생활을 계속 유지하기로 하고 나아가 빌에 대한 지지와 애정을 거두지 않았다. 많은 미 국민들은 이러한 힐러리의 태도를 긍정적으로 보았고 이로 인해 그녀의 국민 지지도는 71%까지 올랐다. 힐러리의 지원 덕분에 빌은 탄핵소추의 위기를 무사히 넘겼다.

첫 여성 대통령에 도전하다

2000년 힐러리는 뉴욕 주 연방 상원 의원에 출마해 55%의 지지로 당선되었다. 다음 해에는 테러리스트들이 뉴욕 국제무역센터에 여객기를 추돌해 폭발시킨 9.11 테러가 일어났다. 뉴욕 주 의원이었던 힐러리는 피해 복구를 위한 기금조성에 앞장섰고 사고 해결을 위해 노력했다. 이후 힐러리는 2006년에는 67%의 득표를 얻어 재선에 성공하였다. 2007년에는 이라크 파병 증파에 반대하였으며 〈타임즈〉와 〈포브스〉지가 뽑은 가장 영향력 있는 100인의 인물로 뽑혔다.

2008년 힐러리는 민주당 대통령 선거 민주당 후보 예비경선에 나섰다. 선거 예측 결과 만약 힐러리가 민주당 후보로 대통령 선거에 나선다면 공화당 후보를 이길 가능성이 높은 것으로 나왔다. 그렇게 되면 미합중국 최초의 여성 대통령이 될 가능성이 매우 높았다. 하지만 버락 오바마 후보가 먼저 과반의 대의원을 확보하면서 힐러리는 대선 후보 경선에서 패하고 말았다. 민주당 대선 후보가 된 오바마는 다음 해 공화당의 매케인 후보를 누르고 대통령에 당선되었다.

2009년 대통령이 된 오바마는 국민통합과 국정수행 능력 등을 들어 경쟁자였던 힐러리에게 국무부 장관을 제의했고 힐러리는 이를 흔쾌히 받아들였다.

국무부 장관직을 훌륭히 수행한 힐러리는 민주당 후보 대통령 후보 경선에 나설 때 가졌던 꿈을 아직도 포기하지 않았다.

"제가 미합중국의 첫 번째 여성 대통령이 되겠습니다. 자랑스런 미국의 역사가 새롭게 시작할 겁니다."

세계를 빛낸 주요 여성 정치인

인디라 간디(1917~1984) 인도 총리

인도의 초대 총리인 자와할루 네루의 외동딸로 영국 옥스퍼드대에서 역사학을 전공했다. 일찍부터 아버지를 도와 인도 독립운동에 참여했고 이로 인해 감옥에 투옥된 일도 있었다.

1947년 인도가 독립한 후에는 총리인 아버지 곁에서 영부인의 역할을 수행하면서 정치 감각을 길렀다. 서른여덟 살 때 집권당인 인도국민회의당 운영위원이 됐다.

1964년 아버지가 사망한 후 인디라 간디는 국회의원에 당선됐다. 1966년 샤스트리 총리가 사망하자 뒤를 이어 인도 최초이자 유일한 여성 총리가 되었다.

총리가 된 인디라 간디는 농업생산 증대를 통해 경제 안정화를 꾀했다.

또한 핵무기를 개발해 군사 강대국들과 어깨를 나란히 했다. 또한 1971년 일어난 파키스탄과의 전쟁에서 승리해 많은 국민들의 지지를 받았다.

인디라 간디는 많은 업적을 남겼지만 막내아들의 부정부패 혐의로 인해 민심과 멀어졌다. 이후 가난과 물가폭등으로 인한 항의시위가 빈발하면서 지지율이 떨어졌다. 결국 인디라 간디가 이끄는 국민회의당은 1977년 총선에서 패배했다.

정계에서 인디라 간디가 물러나자 여당이 된 인민당은 인디라 간디를 부정부패 혐의로 재판에 세우려 했다. 하지만 인디라 간디의 정치 생명을 끊으려 했던 인민당의 계획은 오히려 국민들의 반발을 가져왔다. 1980년 총선거에 인디라 간디는 다시 승리해 복귀했다.

예순두 살에 다시 권력을 잡은 인디라 간디는 인도의 현자로 알려진 크리슈나무르티에 조언을 받아 국정을 유지했다.

1984년 10월, 인디라 간디는 시크교도인 자신의 경호원들에 의해 암살당했다. 인도군이 시크교도들을 공격한 것에 대한 보복이었다. 이후 아들 라지브 간디가 인디라의 뒤를 이어 총리가 되었다. 뉴델리에는 그의 이름을 딴 인디라 간디 국제공항이 있다.

코라손 아키노 (1933~2009) 필리핀 대통령

필리핀 루손 섬에서 태어난 코라손 아키노는 미국의 빈센트 대학에서 수학과 프랑스어를 전공했다. 미국에 망명한 남편 베니그노 아키노는 필리핀 야당의 지도자로 독재자 마르코스 대통령의 독재에 투쟁했다.

1983년 8월 미국에서 귀국한 남편 아키노가 마닐라 공항에서 피살됐다. 평범한 가정주부였던 코라손 아키노는 남편의 죽음에 항의하기 위해 독재정권과 맞서 싸웠다. 이 사건을 계기로 코라손 아키노는 필리핀 민주화 운동의 상징이 되었다.

1986년 대통령 선거에 출마한 코라손 아키노는 독재자 마르코스 대통령과 대결했다. 국민들은 코라손 아키노의 손을 들어줬지만 마르코스는 부정투표로 선거에서 이겼다. 선거관리위원회가 마르코스의 승리를 선언하자 필리핀 시민들은 거리로 쏟아져 나와 항의했다. 이에 국방장관과 참모총장 등 군부까지 부정선거에 항의하는 시위에 가담하면서 마르코스 정권은 붕괴했다.

시민혁명으로 집권한 아키노는 필리핀의 11대 대통령으로 취임했다. 아키노는 독재자의 장기 집권을 막기 위해 대통령의 임기를 6년 단임으로 제한하는 개헌을 단행했다. 또한 반정부 인사들을 사면시키고 군사정권 하의 악법도 개정했다. 그러나 의회를 완전히 장악하지 못 했고, 1987년에는 대통령궁이 폭격을 맞는 등 정국이 불안했다. 그 후에도 필리핀 경제위기를 극복하기 위해 노력했지만 여덟 차례에 걸쳐 군부 쿠데타가 일어나는 등 혼란은 계속 되었다. 가톨릭과 소수 명문가문의 지원을 받았지만 임기 내내 근본적인 사회 개혁을 이뤄내지는 못 했다.

대통령 퇴임 후, 정치권과 거리를 두고 살았지만 후임 에스트라다 대통령의 부패혐의가 드러나자 이에 반대하는 시위에 참가했다. 또한 부패혐의를 받은 아로요 대통령 반대집회에도 참가해 필리핀 민주화의 대모로 불렸다. 결장암으로 투병하던 중 2009년에 일흔여섯 살에 나이로 세상을 떠났다.

마거릿 대처(1979~1990) 영국 수상

1925년 영국 링컨셔 주 그랜섬에서 식료품 집 둘째 딸로 태어났다. 1947년 옥스퍼드 대학교 화학과를 졸업했다. 1950년 보수당에서 하원의원 선거에 출마했지만 낙선했다. 다음 해 1951년에는 열 살 연상의 데니스 대처와 결혼했다. 결혼과 동시에 혼자서 법률 공부를 시작해 1954년 변호사 자격시험에 합격했다.

1959년 서른네 살에 하원 의원에 첫 당선, 1970년에 에드워드 히스 정부에서 교육과학부 장관을 맡았다. 대처는 장관으로서는 크게 주목받지 못했다. 하지만 히스 정부가 총선에서 패배한 후인 1975년, 보수주의의 정체성을 강조하며 당수 경선에 도전해 영국 최초의 여성 보수당 당수가 됐다. 이어서 1979년 총선에서 승리하면서 영국 최초의 여성 총리가 됐다. 대처는 이후 지속적으로 국민의 지지를 얻어 1987년 총선거에 의해 3선에 성공해 1990년까지 총리직을 맡았다. 20세기 영국 총리 중 가장 긴 11년 209일의 재임기간을 지냈다.

대처는 강경한 반공주의자로 공산국가인 소련으로부터 '철의 여인'이라는 비판을 받았다. 이런 비판에도 불구하고 대처는 이를 자신의 별명으로 삼아 자신의 보수적이며 강경한 이미지를 오히려 더 알렸다. 또한 여성총리라는 자신의 장점을 적극적으로 살렸다. 잡지 기자와 만나 요리, 가족,

패션 등에 대한 이야기를 나누었고 동료 정치인이나 각료들에게 요리를 만들어주었다.

1979년부터 11년간 총리로 재임하면서 대처가 펼친 경제 정책은 신자유주의에 기반을 두었다. 인플레와 노사분규로 인해 침체된 영국 경제를 회복하기 위해 대처는 일련의 자유주의적 개혁을 추진했다. 브리티시항공 같은 국영기업들을 민영화하고, 경쟁력을 잃은 기업들을 해외에 매각했다. 2차대전 이후 영국을 좌지우지했던 노조의 영향력도 감소시켰다. 이런 신자유주의적인 경제 개혁을 대처리즘이라고 불렸다.

1982년 아르헨티나 군사정권이 영국령인 포클랜드 섬을 점령하자 대처는 무력으로 이를 다시 빼앗았다. 포클랜드 전쟁의 승리로 대처의 인기는 더욱 높아졌고 이후 총리로서 장기 집권하는 데 결정적인 역할을 했다.

1990년 유럽통합 문제로 보수당과 내각이 분열됐다. 이에 대처는 당의 단결과 차기 총선에서의 승리를 위해 총리직을 사임했다. 대처리즘은 1980년대 영국의 경제번영을 가져왔지만, 다른 한편으로는 빈부격차가 심해지고 영국 제조업의 기반을 무너뜨렸다는 비판을 받았다.

앙겔라 메르켈(1954~   ) 독일 총리

1954년 서독 함부르크에서 태어난 앙겔라는 태어나자마자 동독으로 이주했다. 가난한 목사였던 아버지는 브란덴부르크 주 지방의 개신교회에서 일했다. 앙겔라는 동독 라이프치히 대학에서 물리학 박사 학위를 받고 통일 전까지 물리화학연구소 연구원으로 근무했다.

1977년 같은 물리학자인 울리히 메르켈과 결혼했으나 1982년에 이혼했다. 앙겔라는 이혼 후에도 전 남편의 성을 그대로 사용했다.

1989년 베를린 장벽이 무너지면서 분단 됐던 동·서독은 통일의 기로에 섰다. 이때 앙겔라는 민주개혁당 소속으로 동독 최초이자 마지막 자유총선에 출마해 국회의원에 당선되었다. 또한 마지막 동독정부인 데메지에르 정부의 대변인을 지냈다.

통일 후, 헬무트 콜 독일 총리는 내각에 동독 출신의 정치인이 필요하자 메르켈을 연방여성청소년부 장관, 환경부 장관으로 임명했다. 이 때문에 한때 메르켈은 '콜의 양녀'라는 별명으로 불렸다.

1998년 기독교민주당(기민당)이 총선에서 패배한 후, 메르켈은 기민당 최초의 여성 사무총장이 됐다. 콜 전 총리의 불법 정치자금 스캔들이 터지자 메르켈은 과감히 콜 총리의 정계은퇴를 요구했다. 2000년 4월 메르켈은 계속된 비자금 스캔들로 어수선한 기민당 당수로 선출됐다. 이후 메르켈은 원내대표와 당 대표로 선출되어 당을 장악하면서 정치쇄신을 시도했다.

2005년 총선에서 기민당은 사민당에 박빙의 승리를 거두었다. 독일 최초로 여성 총리가 된 메르켈은 기민-사민당 대연정을 이끌었다. 2009년 총선에서 승리한 이후에는 사회민주당을 대신해 기독교민주당-기독교사회당 정부를 이끌었다.

2013년 9월 총선에서 승리한 메르켈은 3선 연임에 성공했다. 60% 이상의 지지율로 3선 연임에 성공하여 통일 이후 독일에서 가장 인기 있는 정치인이 되었다. 4년 임기를 마칠 경우 유럽에서 마거릿 대처 영국수상(11

년 6개월 재임)을 제치고 최장수 여성 지도자(12년 재임)가 된다. 또한 앞으로 4선 연임도 가능할 전망이다.

메르켈 총리의 인기는 평상시의 수수한 옷차림에서 볼 수 있듯이 권력과는 거리가 먼 소탈함과 검소함에서 찾을 수 있다. 따뜻한 보수주의자를 표방하면서 정치적 반대자들을 설득해 대연정으로 이끌면서도 항상 원칙을 중시했다.

메르켈은 총리로 일하면서도 직접 남편의 아침 식사를 챙겨주는 등 자상한 어머니의 이미지로 국민들 사이에서 좋은 평가를 받았다.

메르켈 총리의 연임에 가장 큰 기여를 한 것은 유럽경제위기를 극복하는 데 있어서 앞장 선 것이다. 영국 대처 총리가 유럽통합에 반대한 데 비해 독일의 메르켈은 일찍부터 유럽연합(EU)의 조정자 역할을 자청했다.

그리스, 스페인, 포르투갈, 이탈리아로부터 시작된 유럽의 경제위기를 극복하기 위해 메르켈 총리는 각국의 이해와 요구를 조정했다. 국가 재정이 파탄 나고 소요로 흔들리던 많은 유럽연합 국가들은 메르켈 총리의 주도하에 혼란을 극복할 수 있었다. 이 과정에서 메르켈은 세계 총리라는 칭호를 얻게 되었다.

그 밖에도 메르켈은 우크라이나 내전 사태를 끝내는데도 앞장섰다. 우크라이나 내전 사태로 인해 우크라이나와 러시아는 전쟁 일보직전의 상황으로까지 갔다. 메르켈은 발칸반도에 러시아 대통령과 우크라이나 대통령을 모아놓고 장장 17시간 동안이나 쉬지 않고 밤을 새워 회담을 이끌었다. 결국 메르켈 총리는 푸틴 러시아 대통령과 담판을 지어서 우크라이나와 러시아 간의 휴전을 이끌어 냈다.

미얀마의 아웅산 수지(1945~   ) 여사

아웅산 수지 여사는 1945년 6월에 미얀마의 수도인 랑군에서 태어났다. 미얀마 건국의 아버지인 아웅산 장군의 딸로 열다섯 살 때 영국으로 유학을 가서 성장했다. 영국 옥스퍼드 대학교에서 정치학을 전공했고 대학에서 만난 마이클 에어리스와 결혼했다. 결혼 후, 옥스퍼드에서 아들 둘을 낳고 교수직을 맡은 남편을 도와 가정주부로 살았다.

1988년 어머니의 병간호를 위해 미얀마로 귀국한 수지 여사는 군사 통치에 반대하는 집회에 참여했다. 네윈 장군이 쿠데타로 정권을 잡은 지 26년 만에 벌어진 가장 큰 규모의 반정부 시위였다. 이 시위는 1988년 8월 8일 오전 8시에 일어나서 8888항쟁이라고 불리었다. 오전 8시, 랑군항 항만 노동자들의 파업을 신호로 시작해서 전국으로 민주화를 요구하는 시위가 번져갔다.

수지 여사는 8888항쟁 중 갑자기 뛰어들어 뛰어난 연설로 많은 시민들을 감동시켰다. 영국에서 어머니 병간호를 위해 온 가정주부는 갑자기 미얀마 민주화 운동의 지도자로 떠올랐다.

유혈진압에 나섰던 군부는 지도부를 교체하며 정치 전면에서 물러났다. 그러나 한 달 뒤, 소 마웅 장군의 신군부가 다시 쿠데타를 일으켜 정권을 재 장악하고 시위를 폭력적으로 진압했다.

군부 정권의 잔인함을 본 수지 여사는 영국 생활을 정리하고 미얀마에서 본격적인 정치투쟁에 나섰다. 우선 미얀마를 일당 통치하던 사회주의계획당에 다원적 민주주의를 받아들일 것을 요구했다. 또한 야당 세력을 모두 합쳐 민족민주동맹(NLD)을 결성하고 그 의장이 되었다.

독실한 불교신자인 아웅산 수지는 간디의 비폭력주의 사상에 영향을 받아 평화적인 시위에 나섰다. 하지만 군부정권은 1989년 수지 여사가 집 밖으로 나오지 못하게 가택연금을 시켰다. 수지 여사는 해외로 떠난다면 자유를 주겠다는 군부의 제안을 거절했다.

1990년 총선에서 수지가 이끄는 민족민주동맹이 압승을 거뒀다. 선거 결과에 따라 82%의 지지를 받은 수지여사는 총리가 되어야 했지만 군사정권은 선거 무효를 선언했다.

1991년 수지 여사는 민주화 운동의 공적을 인정받아 노벨평화상을 받았다. 그러나 여전히 연금 상태여서 두 아들과 남편이 대신 수상식장에 참여해 노벨평화상을 받았다.

2010년 야당을 배제한 채 총선에서 승리한 군사정권은 11월에 수지 여사의 가택연금을 해제했다. 다음 해, 가택연금에서 벗어나 66회 생일을 맞은 수지 여사는 자신의 소원을 미얀마의 평화와 안정이라고 밝혔다.

2012년 4월, 수지 여사는 버마 국회의원 보궐선거에 출마해 85%라는 압도적인 득표율로 당선되었다. 소속당인 민족민주동맹 또한 45개 선거구 중 43곳에서 압도적인 표차로 승리했다. 자유의 몸이 된 수지 여사는 21년 만에 노르웨이에서 노벨평화상 수상 연설을 했다. 이후 2013년에는 한국을 방문해 5.18 국립묘지를 찾아 참배했고 서울 대학교에서 강연을 했다.

메리 로빈슨 (1944~   ) 아일랜드 대통령

어렸을 때부터 변호사였던 할아버지의 영향을 받은 메리는 일찍부터 법을 공부하기로 결심했다. 아일랜드의 명문 트리니티 칼리지 더블린과 미국 하버드 로스쿨을 졸업한 후 변호사가 되었다. 이후 인권 변호사로 활동하면서 트리니티 대학교 법학 교수를 지냈다.

1969년, 트리니티 법학교수로 재직 중에 상원 의원이 됐다. 대학교수에게 상원의석을 할당하는 아일랜드 법에 따라 노동당 소속으로 스물다섯 살의 나이로 선출되었다.

메리는 20년 동안 상원 의원으로 재직하면서 가톨릭 전통이 강한 보수적인 아일랜드를 변화시키기 위해 노력했다. 이혼의 합법화, 피임약 합법화, 남녀 동일 임금 적용, 여성 판사직 임명 등의 성과를 올렸고 소수자 인권 보호를 위해 노력했다.

1990년 12월 메리는 아일랜드 최초의 여성 대통령으로 당선됐다. 아무도 메리의 대통령 당선을 예측하지 않은 가운데 국민들의 무관심 속에 대통령직에 올랐다. 간신히 대통령이 되었다고 해서 '턱걸이 대통령' 이라고 불렸고 지지율은 2%밖에 안 됐다. 하지만 메리가 재임했던 7년 동안 아일랜드는 완전히 다른 나라가 되었다.

당시 아일랜드는 유럽에서 가장 보수적이고 가난한 나라였다. 메리는 자신이 대통령이 되면 아일랜드를 가장 기업하기 좋은 나라로 만들겠다는 공약을 내걸었고 이를 실천했다.

메리 대통령 재임 시 아일랜드는 경제 성장율 90%, 국민소득 3만 불을 달성했다. 어느새 아일랜드는 유럽에서도 부유한 나라로 성장했다.

또한 메리 대통령은 영국의 엘리자베스 여왕, 북아일랜드의 가톨릭 지도자 게리 애덤스 등을 만나 북아일랜드 내전종식 문제를 논의했다. 그로인해 내전에 버금가는 오랜 분쟁을 겪고 있던 북아일랜드와 영국은 마침내 1993년 북아일랜드 평화협정을 맺게 되었다.

'지지도 2%'로 출발했던 턱걸이 대통령 메리는 1997년 퇴임 시에는 93%의 지지를 받았다. 아일랜드 국민들은 퇴임을 앞둔 메리에게 다시 한 번 대통령 자리를 맡아줄 것을 요구했다. 하지만 메리는 국민들의 연임 요구를 거절하고 1997년 9월 임기 종료 3개월을 남기고 사퇴하였다. 이후 메리는 자신이 하고 싶었던 국제 인권문제를 다루기 위해 유엔 인권고등판무관으로 떠났고 2002년까지 활동했다. 그 후 더블린 대학교 총장을 맡았고 미국 컬럼비아 대학의 교수로도 있었다. 현재는 유엔 기후변화특사를 맡아 지구 온난화에 대비해 다양한 활동을 벌이고 있다.